CRIPTOM

Consejos exitosos sobre el comercio en
criptomoneda

(Una guía completa para invertir e intercambiar
en blockchains)

Bart Soliz

Publicado Por Daniel Heath

© **Bart Soliz**

Todos los derechos reservados

Criptomoneda: Consejos exitosos sobre el comercio en criptomoneda (Una guía completa para invertir e intercambiar en blockchains)

ISBN 978-1-989853-33-7

ISBN 978-1-989853-33-7

Este documento está orientado a proporcionar información exacta y confiable con respecto al tema y asunto que trata. La publicación se vende con la idea de que el editor no esté obligado a prestar contabilidad, permitida oficialmente, u otros servicios cualificados. Si se necesita asesoramiento, legal o profesional, debería solicitar a una persona con experiencia en la profesión.

Desde una Declaración de Principios aceptada y aprobada tanto por un comité de la American Bar Association (el Colegio de Abogados de Estados Unidos) como por un comité de editores y asociaciones.

Este documento está orientado a proporcionar información exacta y confiable con respecto al tema y asunto que trata. La publicación se vende con la idea de que el editor no esté obligado a prestar contabilidad, permitida oficialmente, u otros servicios cualificados. Si se necesita asesoramiento, legal o profesional, debería solicitar a una persona con experiencia en la profesión.

Desde una Declaración de Principios aceptada y aprobada tanto por un comité de la American Bar Association (el Colegio de Abogados de Estados Unidos) como por un comité de editores y asociaciones.

TABLA DE CONTENIDO

Parte 1

Introducción

Bienvenido al mundo de la criptomoneda. Es un mundo complicado, no todos lo entienden, pero una cosa de la que puedo asegurarles es esto: no es solo una moda. Intentaré guiarlo a través de los aspectos más importantes de la criptomoneda: qué es, qué es una Blockchain, consejos sobre inversiones y una mirada a algunas de las criptomonedas más populares que existen hoy en día.

Las Criptomonedas son más que una simple fase pasajera, son uno de los fenómenos globales más grandes. Si bien aún pueden ser vistos como un poco geek y no entendidos realmente, o tal vez mal entendidos, por muchas personas, el sector financiero y los gobiernos, por no mencionar que muchas corporaciones están muy conscientes de su existencia y de la amenaza que representan para ellos. Ellos.

En este momento, tendrá dificultades para encontrar las principales empresas contables, bancos, gobiernos o compañías de software que no hayan llevado a cabo una investigación exhaustiva sobre las criptomonedas, que no hayan publicado algún tipo de documento o que hayan iniciado su propio proyecto de Blockchain. Pero más allá de todo esto, más allá de todo lo que se ve en los medios de comunicación, la mayoría de nosotros, incluso los grandes en el gobierno y las finanzas, tenemos muy poco conocimiento acerca de las criptomonedas, sin captar siquiera los conceptos más básicos.

Entonces, este libro es todo sobre criptomonedas, de dónde vinieron, qué son y todo lo que necesitas saber sobre ellas. Cuando llegue al final, tendrá más conocimientos y estará en una mejor posición para tomar decisiones sobre si debería o no debería invertir tiempo y dinero en ellas.

Capítulo 1: Crypto 101

Entonces, ¿qué es exactamente una criptomoneda? Para responder a eso, debemos volver al 2008. No mucha gente se da cuenta de que las criptomonedas de hoy se produjeron como un producto secundario del Bitcoin. Satoshi Nakamoto publicó un documento técnico en 2008 que detalla un sistema mediante el cual las personas podrían realizar transacciones seguras y rápidas, un sistema de efectivo electrónico P2P (peer-to-peer). Nunca fue su intención crear cualquier tipo de moneda, solo quería crear algo que tantos habían fallado antes.

Bitcoin se lanzó realmente en 2009 como una red de igual a igual (P2P) diseñada para detener el problema del doble gasto. Es un sistema descentralizado que no tiene autoridad central ni servidor, un éxito completo gracias a tantos fallos en la década de 1990. Después de más de 10 años de sistemas fallidos basados en un tercero de confianza, la idea fue cancelada y, después de ver todo esto, Satoshi intentó construir su sistema de efectivo de confianza sin la necesidad de una autoridad central, algo así como las redes P2P. Muchos de nosotros usamos para compartir archivos pero para transacciones.

Fue esta decisión la que impulsó el desarrollo de la criptomoneda. Estas son las piezas faltantes que se necesitaron para que el efectivo digital tenga éxito y una vez que entienda por qué entenderá la criptomoneda.

Para que los sistemas de efectivo digital funcionen, necesitará una red de pago. Esa red de pago necesita tener cuentas y saldos junto con las transacciones. Eso es lo fácil. Cada red de pagos tiene un gran problema que deben resolver: detener el doble gasto. El doble gasto es, como es de esperar, cuando una persona gasta el mismo dinero dos veces. Con la mayoría de las redes de pago, un servidor central se utiliza para mantener registros de saldos, pero con efectivo digital, no hay servidor.

Aquí es donde entra la cadena de bloques donde los compañeros de la red hacen su trabajo. Cada computadora que está vinculada a la red de efectivo digital se llama un par o un nodo. Cada uno de estos tiene una copia idéntica del libro de transacciones: la blockchain. Cada vez que se realiza una transacción, se comprueba este libro mayor, en parte para ver si la transacción es un gasto doble y en parte para confirmar que es una transacción legítima.

Si solo uno de estos saldos no está de acuerdo con los interlocutores de la red, todo el sistema se romperá. Para que un sistema de caja digital funcione, debe tener un consenso completo entre los pares. De nuevo, normalmente se necesitaría una autoridad central para declarar y registrar los saldos correctos, pero el efectivo digital no tiene esta autoridad central. Eso llevó a muchos a creer que el consenso era imposible, que el efectivo digital nunca podría tener éxito sin una autoridad central.

Satoshi Nakamoto demostró que todos estaban equivocados, produciendo un sistema que funcionó, un sistema donde se logró el consenso sin la autoridad central. Parte de su solución es la criptomoneda, y este es el bit que ha puesto a todo el mundo en un tizzy.

Entonces, ¿qué son estas criptomonedas? Si borra todo lo que rodea a una criptomoneda, descártela de nuevo, encontrará que no es más que un conjunto limitado de entradas almacenadas en una base de datos que no se puede cambiar con un conjunto de condiciones específicas que se cumplen. .

Piense en esto en términos de efectivo en su cuenta bancaria, que no es más que una serie de entradas, almacenadas en una base de datos, que requieren que se cumplan condiciones específicas antes de cambiarlas. Todo el dinero, ya sea físico o digital, no es más que una entrada verificada en una base de datos que consta de cuentas y saldos, así como también de transacciones.

Entonces, ¿por qué deberías usar

criptomoneda? Esa es una muy buena pregunta y la respuesta es realmente muy simple. Las criptomonedas son un gran paso en la dirección de un comercio global en el que todos podemos participar. Si tuviera que dejar de lado las criptomonedas como nada más que una moda a ignorar, sería como dejar de lado la idea de internet y HTTP en la década de 1990. Si puede comprender la tecnología, entonces puede comprender cómo las criptomonedas van a moldear nuestro futuro, los beneficios que brindan.

Los beneficios de la criptomoneda

● Transacciones sin fronteras. Envíe dinero a cualquier parte del mundo a cualquier persona en un instante, sin cargos elevados y sin intermediarios de los que preocuparse

● Todos pueden ser incluidos en el sistema financiero; no se limitará solo a aquellos que pueden acceder, pueden usar la banca moderna

● Las criptomonedas nos proporcionan una base para construir en la blockchain para cambiar la forma en que vemos e interactuamos con el dinero

• Podemos usar la importante potencia de cómputo que se genera en las criptomonedas para crear redes descentralizadas para aplicaciones que funcionan en una blockchain: redes como Ethereum que apuntan al marco para crear aplicaciones y ejecutarlas en lugar del aspecto monetario o monetario.

Capítulo 2: Criptomonedas populares

Hay más de 1000 criptomonedas activas disponibles en la actualidad y, si bien algunas de ellas no llegarán a ninguna parte, otras se han convertido en muy importantes, como Bitcoin, Ethereum y Litecoin. Entonces, ¿cómo se comparan estos tres entre sí? Miremos más de cerca.

Bitcoin

Bitcoin ahora ha recibido el honor de ser adoptado como una moneda legítima por parte de Japón y esto significa que, con el tiempo, los ciudadanos japoneses podrán usar Bitcoin para pagar sus facturas de impuestos. Bitcoin vio un aumento significativo en el precio en agosto de 2017 y parte de esto se debe a las noticias de Japón y en parte porque mucha gente creía que, una vez que el precio de un Bitcoin alcanzara los $ 3000, la burbuja explotaría. No lo hizo, y sigue aumentando.

Por último, Bitcoin ha visto un aumento en

los inversores aficionados y eso ayudó a la subida de precios. Sin embargo, son estos inversionistas aficionados los que serán los primeros en embotellarlos y retirarse cuando las cosas empiecen a parecer un poco rudas y esto es lo que hará que la burbuja finalmente explote donde no podría haber funcionado si el precio hubiera subido más suavemente. . Vale la pena recordar que el precio de Bitcoin, y el de todas las criptomonedas, es algo volátil y lo que podría parecer una caída significativa no significa mucho, hasta ahora, donde el precio ha aumentado significativamente y luego se ha reducido, ha Se instaló y volvió a subir.

En este momento, los tiempos de transacción de Bitcoin se mantienen en alrededor de 10 minutos y se espera que esto se reduzca significativamente con el tiempo. Esto, a su vez, aumentará cómo y dónde se usa Bitcoin, y, de todas las criptomonedas actuales, es la que probablemente se adoptará como moneda corriente. Bitcoin permitirá que las personas guarden su riqueza en lugares donde los gobiernos y los bancos no obtienen un vistazo.

Ethereum

A diferencia de Bitcoin, que se establece en 21 millones de monedas, no hay una tapa dura para Ethereum y esto significa que los primeros mineros no tienen la ventaja de tener todo el poder. Y, dado que el tiempo de transacción es increíblemente rápido, menos de un minuto, también significa que tiene la posibilidad de estar en uso como moneda legítima en algún momento en el futuro, un momento en el que podrá ingresar a una tienda física y Usa las fichas de Ethereum para hacer compras. Entonces, ¿eso hace de Ethereum algo que la economía luchará por manejar o simplemente va a ser otro lugar para que la gente arroje todo su dinero antes de que se caiga y se queme?

En este momento, esa pregunta no va a ir a ninguna parte, por lo que tal vez una mejor pregunta sería esta: ¿qué sucederá cuando las criptomonedas ICO (Oferta inicial de monedas), como las fichas Ethereum, lleguen a cero? Muchas personas han invertido en Ethereum porque creen que será la mejor opción. Con Ethereum, no está obteniendo una criptomoneda con la que pueda realizar compras, al menos no todavía. Lo que está obteniendo es combustible, un combustible que los desarrolladores tienen que pagar para desarrollar y ejecutar sus aplicaciones en la cadena de bloques Ethereum. Aplicaciones como contratos inteligentes, que discutiremos un poco más adelante. Entonces, ¿qué pasará con Ethereum, una de las criptomonedas más programables, en comparación con el Bitcoin completamente no programable, cuando las fichas de Ethereum no valen nada, lo que podría suceder?

Un argumento es que Litecoin es una apuesta mejor que Ethereum, llena más de un vacío o una necesidad. Sin embargo, también existe la posibilidad muy alta de que, si bien algunos países no adopten Bitcoin como una moneda legítima, pueden adoptar Ethereum. Ya sabemos que Bitcoin ha sido una bendición para África y Medio Oriente, simplemente porque los trabajadores no pueden confiar en sus bancos, sin embargo, es muy poco probable que estos gobiernos adopten alguna criptomoneda, ni siquiera una ficha como Ethereum, como una corriente principal. Moneda. Sin embargo, cuando miras a un país como Grecia y consideras la grave situación financiera en la que se encuentran los griegos, podrías preguntarte si tal vez harían mejor en adoptar Ethereum como una segunda forma de moneda, dando a su gente un poco más de control sobre su propio dinero, más libertad de lo que los bancos en quiebra les permiten. El gobierno griego no se va a preocupar demasiado por las represalias de los bancos si lo hizo y los recaudadores de impuestos tienen la inteligencia de darse cuenta de que pueden ver cómo se está utilizando Ethereum para ver si alguien lo está utilizando como un Dodge de impuestos.

Litecoin

Uno de los puntos de venta más importantes para Litecoin es la velocidad de las transacciones, que es una de las razones por las que se desarrolló Litecoin: proporcionar una alternativa a Bitcoin. Pero, a medida que pasa el tiempo, los tiempos de transacción tanto para Ethereum como para Bitcoin se acelerarán, ¿qué pasará con Litecoin cuando su punto de venta haya desaparecido? Eso es lo que cualquiera puede adivinar, pero no sería bueno subestimar a Litecoin porque, una y otra vez, hemos visto al perdedor, el perdedor en la carrera, triunfando y superando a todos los demás.

Litecoin es una versión amigable y liviana de Bitcoin y es más escalable, que no se puede negar. Pero, al estar tan cerca de Bitcoin, podría eliminarse por las mismas cosas, como la computación cuántica, que podrían matar a Bitcoin. Sin embargo, si queremos hablar de estas cosas, podríamos decir que Bitcoin podría convertirse en la corriente principal simplemente porque un banco de Estados Unidos fue golpeado por una bomba de Corea del Norte. Litecoin tiene que encontrar su propio lugar en el mercado, su propia necesidad y luego debe ser capaz de satisfacer esa necesidad. Bitcoin satisface las necesidades de los pueblos de Oriente Medio y África que no pueden confiar en sus bancos, por lo que Litecoin, si no puede encontrar esa necesidad, la lógica dicta que morirá.

Términos de inversión

Entonces, ¿en qué invertirías tu dinero? Las tres criptomonedas son buenas inversiones. Litecoin y Bitcoin son principalmente monedas digitales, mientras que Ethereum es la mejor para aplicaciones distribuidas. Bitcoin y Litecoin tienen el propósito principal de transferir valor, mientras que Ethereum ofrece las mejores posibilidades para darnos valor a través de operaciones que ocurren en todas las computadoras dentro de la red, a través de sus contratos inteligentes. Entonces, en términos de inversión:

- **Ethereum:** muchas aplicaciones y una buena tecnología que tiene un gran futuro. Ethereum ha estado aumentando gradualmente este año, con algunos altibajos, pero su valor ha aumentado en general, y se espera que esta tendencia alcista continúe.
- **Litecoin:** la quinta criptomoneda más grande que utiliza la tecnología blockchain. Los precios de Litecoin se dispararon alrededor de 1400% solo este año. Potencialmente, puede ofrecer mucho más valor que Bitcoin y, al igual que Bitcoin, está descentralizado, puede explotarse y operará a nivel global. Los tiempos de transacción son de alrededor de 2 minutos, aproximadamente 5 veces más rápidos que los de Bitcoin y esto puede ser un factor determinante en su futuro.
- **Bitcoin:** obviamente, la primera y la más popular de todas las criptomonedas, Bitcoin es una fuerza global. Mientras que algunos dicen que no pasará los precios de ETH o LTC el próximo año, hay otros que creen que alcanzará las alturas de $ 50,000

o incluso $ 100,000 por moneda.

Capítulo 2: Criptomonedas populares

Hay más de 1000 criptomonedas activas disponibles en la actualidad y, si bien algunas de ellas no llegarán a ninguna parte, otras se han convertido en muy importantes, como Bitcoin, Ethereum y Litecoin. Entonces, ¿cómo se comparan estos tres entre sí? Miremos más de cerca.

Bitcoin

Bitcoin ahora ha recibido el honor de ser adoptado como una moneda legítima por parte de Japón y esto significa que, con el tiempo, los ciudadanos japoneses podrán usar Bitcoin para pagar sus facturas de impuestos. Bitcoin vio un aumento significativo en el precio en agosto de 2017 y parte de esto se debe a las noticias de Japón y en parte porque mucha gente creía que, una vez que el precio de un Bitcoin alcanzara los $ 3000, la burbuja explotaría. No lo hizo, y sigue aumentando.

Por último, Bitcoin ha visto un aumento en

los inversores aficionados y eso ayudó a la subida de precios. Sin embargo, son estos inversionistas aficionados los que serán los primeros en embotellarlos y retirarse cuando las cosas empiecen a parecer un poco rudas y esto es lo que hará que la burbuja finalmente explote donde no podría haber funcionado si el precio hubiera subido más suavemente. . Vale la pena recordar que el precio de Bitcoin, y el de todas las criptomonedas, es algo volátil y lo que podría parecer una caída significativa no significa mucho, hasta ahora, donde el precio ha aumentado significativamente y luego se ha reducido, ha Se instaló y volvió a subir.

En este momento, los tiempos de transacción de Bitcoin se mantienen en alrededor de 10 minutos y se espera que esto se reduzca significativamente con el tiempo. Esto, a su vez, aumentará cómo y dónde se usa Bitcoin, y, de todas las criptomonedas actuales, es la que probablemente se adoptará como moneda corriente. Bitcoin permitirá que las personas guarden su riqueza en lugares donde los gobiernos y los bancos no obtienen un vistazo.

Ethereum

A diferencia de Bitcoin, que se establece en 21 millones de monedas, no hay una tapa dura para Ethereum y esto significa que los primeros mineros no tienen la ventaja de tener todo el poder. Y, dado que el tiempo de transacción es increíblemente rápido, menos de un minuto, también significa que tiene la posibilidad de estar en uso como moneda legítima en algún momento en el futuro, un momento en el que podrá ingresar a una tienda física y Usa las fichas de Ethereum para hacer compras. Entonces, ¿eso hace de Ethereum algo que la economía luchará por manejar o simplemente va a ser otro lugar para que la gente arroje todo su dinero antes de que se caiga y se queme?
En este momento, esa pregunta no va a ir a ninguna parte, por lo que tal vez una mejor pregunta sería esta: ¿qué sucederá cuando las criptomonedas ICO (Oferta

inicial de monedas), como las fichas Ethereum, lleguen a cero? Muchas personas han invertido en Ethereum porque creen que será la mejor opción. Con Ethereum, no está obteniendo una criptomoneda con la que pueda realizar compras, al menos no todavía. Lo que está obteniendo es combustible, un combustible que los desarrolladores tienen que pagar para desarrollar y ejecutar sus aplicaciones en la cadena de bloques Ethereum. Aplicaciones como contratos inteligentes, que discutiremos un poco más adelante. Entonces, ¿qué pasará con Ethereum, una de las criptomonedas más programables, en comparación con el Bitcoin completamente no programable, cuando las fichas de Ethereum no valen nada, lo que podría suceder?

Un argumento es que Litecoin es una apuesta mejor que Ethereum, llena más de un vacío o una necesidad. Sin embargo, también existe la posibilidad muy alta de que, si bien algunos países no adopten Bitcoin como una moneda legítima, pueden adoptar Ethereum. Ya sabemos que Bitcoin ha sido una bendición para África y Medio Oriente, simplemente porque los trabajadores no pueden confiar en sus bancos, sin embargo, es muy poco probable que estos gobiernos adopten alguna criptomoneda, ni siquiera una ficha como Ethereum, como una corriente principal. moneda. Sin embargo, cuando miras a un país como Grecia y consideras la grave situación financiera en la que se encuentran los griegos, podrías preguntarte si tal vez harían mejor en adoptar Ethereum como una segunda forma de moneda, dando a su gente un poco más de control sobre su propio dinero, más libertad de lo que los bancos en quiebra les permiten. El gobierno griego no se va a preocupar demasiado por las represalias de los bancos si lo hizo y los recaudadores de impuestos tienen la inteligencia de darse cuenta de que pueden ver cómo se está utilizando Ethereum para ver si alguien lo está utilizando como un Dodge de impuestos.

Litecoin

Uno de los puntos de venta más importantes para Litecoin es la velocidad de las transacciones, que es una de las razones por las que se desarrolló Litecoin: proporcionar una alternativa a Bitcoin. Pero, a medida que pasa el tiempo, los tiempos de transacción tanto para Ethereum como para Bitcoin se acelerarán, ¿qué pasará con Litecoin cuando su punto de venta haya desaparecido? Eso es lo que cualquiera puede adivinar, pero no sería bueno subestimar a Litecoin porque, una y otra vez, hemos visto al perdedor, el perdedor en la carrera, triunfando y superando a todos los demás.

Litecoin es una versión amigable y liviana de Bitcoin y es más escalable, que no se puede negar. Pero, al estar tan cerca de Bitcoin, podría eliminarse por las mismas cosas, como la computación cuántica, que podrían matar a Bitcoin. Sin embargo, si queremos hablar de estas cosas, podríamos decir que Bitcoin podría convertirse en la corriente principal simplemente porque un banco de Estados Unidos fue golpeado por una bomba de Corea del Norte. Litecoin tiene que encontrar su propio lugar en el mercado, su propia necesidad y luego debe ser capaz de satisfacer esa necesidad. Bitcoin satisface las necesidades de los pueblos de Oriente Medio y África que no pueden confiar en sus bancos, por lo que Litecoin, si no puede encontrar esa necesidad, la lógica dicta que morirá.

Términos de inversión

Entonces, ¿en qué invertirías tu dinero? Las tres criptomonedas son buenas inversiones. Litecoin y Bitcoin son principalmente monedas digitales, mientras que Ethereum es la mejor para aplicaciones distribuidas. Bitcoin y Litecoin tienen el propósito principal de transferir valor, mientras que Ethereum ofrece las mejores posibilidades para darnos valor a través de operaciones que ocurren en todas las computadoras dentro de la red, a través de sus contratos inteligentes. Entonces, en términos de inversión:

●**Ethereum:** muchas aplicaciones y una buena tecnología que tiene un gran futuro. Ethereum ha estado aumentando gradualmente este año, con algunos altibajos, pero su valor ha aumentado en general, y se espera que esta tendencia alcista continúe.

●**Litecoin:** la quinta criptomoneda más grande que utiliza la tecnología blockchain. Los precios de Litecoin se dispararon alrededor de 1400% solo este año. Potencialmente, puede ofrecer mucho más valor que Bitcoin y, al igual que Bitcoin, está descentralizado, puede explotarse y operará a nivel global. Los tiempos de transacción son de alrededor de 2 minutos, aproximadamente 5 veces más rápidos que los de Bitcoin y esto puede ser un factor determinante en su futuro.

● **Bitcoin:** obviamente, la primera y la más popular de todas las criptomonedas, Bitcoin es una fuerza global. Mientras que algunos dicen que no pasará los precios de ETH o LTC el próximo año, hay otros que creen que alcanzará las alturas de $ 50,000 o incluso $ 100,000 por moneda.

Capítulo 3: Criptomoneda Minería

La minería de monedas criptográficas es una carrera y los primeros puestos para ganar son los primeros en adoptarla. La minería de Bitcoin solía ser la más popular, pero ya no lo es. Con tantas más criptomonedas alrededor, la mayoría de ellas cuestan menos que las de Bitcoin. Más sobre eso más adelante; por ahora, las tres criptomonedas que proporcionan el mejor beneficio a los mineros por el costo en que incurren son Litecoin, Feathercoin y Dogecoin. Tome Litecoin, por ejemplo; Con el hardware a nivel del consumidor de la minería, podría ganar hasta $ 10 por día, lo que no suena mucho, pero es mucho más que Bitcoin. Del mismo modo, Feathercoin y Dogecoin no son tan rentables, pero se están haciendo rápidamente populares.

¿Merece la pena la minería de monedas criptográficas?

Si utiliza la minería de monedas criptográficas como algo más que un pasatiempo, entonces sí, puede ganar un par de dólares por día haciéndolo. Espere pagar alrededor de $ 1000 por hardware y podría recuperar ese dinero en un año o dos. Considérelo como un segundo ingreso y es muy poco probable que tenga éxito y, ciertamente, no es un método de ingreso confiable para muchos. Solo puede obtener ganancias significativas en la extracción de monedas criptográficas si está preparado para invertir entre $ 3,000 y $ 5,000 en hardware; Esto podría traerle una recompensa de más de $ 50 por día.

En algún momento, podemos esperar que el valor de estas tres criptomonedas aumente y, en ese momento, tienes el potencial de encontrar miles de dólares en moneda digital, pero esto no es un hecho y no deberías esperar Para convertirse en un millonario de monedas cripto! Por lo tanto, si decide darle una oportunidad a la minería, solo piense en ello como un pasatiempo y solo espere un pequeño rendimiento.

Si su objetivo es obtener una cantidad significativa de segundo ingreso, entonces use su efectivo para comprar monedas criptográficas (no las extraiga) y guárdelas con la esperanza de que aumenten de valor.

¿Cómo funciona Crypto Coin Mining?

Esto es para los principiantes que no quieren gastar más de $ 1000 en costos de hardware por adelantado y estamos buscando minería Litecoin, Dogecoin y Feathercoin. La minería se realiza para lograr estas 3 cosas:

● Proporcionar a la red servicios de contabilidad. La minería no es más que una contabilidad de computadora, hecha 24/7, para verificar las transacciones

● Obtenga algún tipo de recompensa por su trabajo con el pago en fracciones de la moneda cada pocos días

● Mantener sus costos bajos, y eso incluye los costos de electricidad y hardware

Lo que necesitas para minar:

Para extraer estas 3 monedas criptográficas, necesitarás 10 cosas:

1. Una billetera que es una base de datos privada que puedes obtener gratis. Una billetera es un contenedor con protección de contraseña en el que guarda sus monedas y es donde se guardan sus transacciones. (Consulte mi guía gratuita para configurar una billetera)

2. Software de minería que tiene paquetes de stratum y cgminer - esto es gratis

3. Membresía del fondo minero. Un grupo es un grupo de mineros que combinan su poder de cómputo para aumentar la estabilidad de sus ingresos y la rentabilidad.

4. Intercambio de membresía. Necesita una cuenta en un intercambio en línea donde se puede cambiar la moneda digital por la primera moneda (el dinero que usa su país) y viceversa.

5. Una conexión a Internet que sea confiable, preferiblemente al menos 2 MB / S o superior

6. Un área fresca y con aire acondicionado para configurar su hardware en

7. Una computadora, ya sea de escritorio o personalizada para minería. Puedes usar tu existente pero, una vez que comiences con la minería, no podrás usarlo para nada más, así que lo mejor es usar uno dedicado. Olvídese de usar computadoras portátiles, dispositivos de mano o dispositivos de juegos porque simplemente no son lo suficientemente efectivos como para generar ingresos.

8. Una GPU ATI (unidad de procesamiento de gráficos) o un chip ASIC (dispositivo de procesamiento especial). Estos costarán entre $ 90 por uno usado y $ 3000 por uno nuevo y estos son los caballos de batalla, el poder detrás de la minería y la contabilidad.

9. Un ventilador estándar que sopla aire fresco sobre su configuración. La minería tiene el potencial de generar importantes cantidades de calor y mantener el hardware fresco es fundamental

10. La curiosidad. Realmente necesita tener un buen apetito por aprender, ya que el entorno y la tecnología de la minería están cambiando y optimizándose constantemente. Los mejores mineros pasarán varias horas cada semana tratando de obtener nuevas formas de optimizar su rendimiento minero y su potencial de lucro.

¿Qué hay de Bitcoin Mining?

Si hubiera sido uno de los primeros adoptantes en 2009, ya habría ganado varios miles de dólares. Sin embargo, también podrías haberlo perdido todo. En este momento, la minería de Bitcoin se realiza solo a través de operaciones a gran escala y la razón de esto es que los algoritmos matemáticos que deben resolverse se han vuelto mucho más difíciles con los años, mucho más allá de lo que cualquier persona normal podría esperar lograr con una configuración de la casa. El costo actual de comprar y mantener el hardware requerido ahora estaría muy por encima de lo que un minero en pequeña escala podría justificar el gasto y llevaría años para que cualquier ganancia se realice, si es que alguna vez se realiza.

Por lo tanto, a menos que tenga muchos miles de dólares para gastar en hardware de grado industrial y oficinas o almacenes con aire acondicionado para mantener el equipo, no habrá ningún beneficio en ello. Sería mejor usar ese dinero para comprar

Bitcoins y mantenerlos hasta que el valor aumente nuevamente.

Litecoin, Feathercoin y Dogecoin son todas posibilidades para los mineros en pequeña escala, pero si decide que quiere probar Bitcoin en la minería, esto es lo que necesitará:

- **Tarjetas gráficas**
- **Procesador**
- **Fuente de alimentación**
- **Cables**
- **Memoria**
- **Fans**

Puede que no parezca una lista impresionante, pero tendría que gastar entre $ 2,000 y $ 4000 dólares y eso no tiene en cuenta el costo de alimentar el sistema y mantenerlo.

Capítulo 4: ¿Qué es la tecnología Blockchain?

Muchas personas a menudo se confunden cuando intentan entender la tecnología de la blockchain, pero en realidad no es tan complicadocomo parece. De hecho, el concepto básico de la blockchain es muy simple. Tenemos datos que no queremos que se manipulen, copien o accedan de ninguna otra manera, pero todos sabemos que Internet no es tan seguro como quizás pensamos que debería ser. Los ataques de piratería son casi cotidianos ahora y cada vez es más difícil proteger los datos. Con el blockchain, obtenemos algo que no cambia, una base de datos que no se puede alterar y donde las transacciones solo pueden suceder si se han seguido las reglas.

Si lees el documento de Bitcoin de Satoshi Nakamoto, sabrás que habla sobre cómo extraer datos en bloques, y luego encadenar los bloques usando un hash, que es un enlace con marca de tiempo, a través de una red de nodos que Es descentralizado. Cada nodo o computadora en la red luego verificará la transacción. Una innovación que surge del libro blanco, un punto clave, es algo que se llama PoW o Prueba de trabajo. Este modelo se utiliza para crear un consenso distribuido sin confianza y también es la solución que Nakamoto encontró para resolver el doble gasto para siempre.

Aunque el sistema se denomina "sin confianza", no debe entenderse que significa que no se puede confiar porque significa exactamente lo contrario. El blockchain verificará cada transacción a través del modelo de PoW y esto significa que no hay necesidad de confianza entre ninguno de los participantes en la transacción. Esta prueba de trabajo proviene de los mineros, cada uno de los cuales genera el PoW al juntar los bloques y verificar cada transacción que se coloca en el libro mayor.

Quizás una mejor explicación de la blockchainsería esta: la moneda digital no se guarda en algún lugar de un archivo. En su lugar, es una serie de transacciones que figuran en un libro mayor o en una hoja de cálculo con una copia almacenada en millones de computadoras diferentes. Cada computadora verifica y aprueba las transacciones y las almacena permanentemente en el libro de contabilidad, un libro de contabilidad que ahora conocemos como la blockchain.La blockchain se distribuye entre todas las computadoras, lo que significa que no hay ninguna base de datos centralizada. Cualquiera puede verlo porque vive en esa red y está totalmente encriptado, utilizando una combinación de claves públicas y privadas para mantener la seguridad total.

Sin embargo, vale la pena tener en cuenta que nada está completamente protegido contra la piratería, especialmente cuando no se ha utilizado de la forma prevista. La razón por la que funciona la seguridad en la cadena de bloques es en parte debido al cifrado y en parte porque es un sistema descentralizado. Podrías señalarme que ya se han producido algunos hacks importantes en la blockchain y que ya se han robado millones de tokens de Bitcoins y Ethereum, pero hay una buena razón para ello. Los dos más grandes son el monte. Gox (2014) y Bitfinex (2016) y la razón por la que fueron pirateados y eliminados se debió a que intentaron centralizar el sistema. El hackeo de DAO en Ethereum es otro famoso y se remonta a una serie de hazañas en algunos de los contratos inteligentes que se escribieron en una cadena de bloques que ya estaba bien establecida. Y el mayor intercambio de Ethereum en Corea del Sur fue pirateado y el ICO de una startup israelí fue robado cuando su sitio web fue hackeado.

Todos y cada uno de estos problemas ocurrieron porque existían debilidades en los sistemas que estaban conectados a la cadena de bloques, ninguno de ellos provenía de la propia blockchain. La seguridad y el cifrado que subyace en la cadena de bloques son increíblemente sólidos y no se pueden piratear ni romper sin una gran cantidad de potencia de cómputo y el acuerdo de cada computadora en la red.

Ok, entonces sabemos cómo funciona la blockchain y sabemos que es seguro, pero ¿qué hay de la forma en que los bloques se conectan entre sí? ¿Por qué la blockchain se fortalece a medida que se alarga y en qué punto entra en juego la cuestión de la inmutabilidad?

El verdadero latido de la red blockchain está en el sistema de verificación de elfos. Cada 10 minutos, las transacciones se verifican, verifican, acuerdan y luego se almacenan en un bloque y esto se vincula al bloque anterior, proporcionando una cadena. Para que un bloque sea válido, debe vincularlo con el anterior y toda la estructura pone una marca de tiempo permanente en todo, almacenando los intercambios de valor que impiden que cualquiera pueda manipular y cambiar cualquier cosa en el libro de contabilidad. Este libro mayor se distribuye entre todos los nodos de la red, lo que crea un consenso de la red de todas las transacciones que han ocurrido en la blockchain.

Este libro digital también es programable para registrar casi cualquier cosa de valor, como licencias de matrimonio, certificados de nacimiento, certificados de defunción, títulos de propiedad, títulos, cuentas, registros médicos, procedencias, etc., todo lo que pueda expresarse en un código .

La inmutabilidad es una parte más crucial de la ecuación cuando intentas entender la blockchain. Una vez creado, un objeto que nunca se puede modificar tiene un valor infinito en el mundo digital de hoy. Cuantos más nodos haya para que se distribuya la blockchain, más fuerte será y más confianza tendrá. Piense en ello como una verificación de verificación y hasta el infinito. El efecto de red es lo que crea la fuerza en el factor de inmutabilidad, especialmente con Bitcoin. Para crear un nuevo activo digital, no cuesta prácticamente nada, por lo que debe ser capaz de demostrar una cantidad de valor no despreciable para superar ese efecto de red si desea alejar a las personas de la blockchain de Bitcoin, una cadena de bloques de confianza. El más alto nivel de seguridad, sin mencionar su historial probado.

Esa es la blockchain de Bitcoin, pero ¿qué pasa con Ethereum? ¿Qué pasa con estos contratos inteligentes que seguimos escuchando?

Contratos inteligentes

Aquí es donde el valor real de la blockchain entra en juego. Debido a que está descentralizado, un sistema entre partes permitidas, no hay ninguna necesidad de intermediarios que ahorre tiempo y elimine conflictos. Las blockchains tienen sus problemas, pero son mucho más rápidas, mucho más baratas y definitivamente más seguras que el sistema tradicional en el que siempre hemos confiado y esta es la razón por la que los gobiernos y los bancos están recurriendo gradualmente a ellos.

En 1994, un criptógrafo y académico legal llamado Nick Szabo se dio cuenta de que los libros de contabilidad descentralizados podían usarse para crear contratos inteligentes. Estos también se conocían como contratos de ejecución automática, contratos digitales o contratos de blockchain. Usando este formato, un contrato podría convertirse en código y almacenarse en el sistema, replicarse y luego supervisarse por la red de nodos responsables de ejecutar la blockchain. El resultado de esto sería la retroalimentación del libro mayor, como la transferencia de dinero y la recepción de servicios o bienes.

¿Qué son los contratos inteligentes?

Un contrato inteligente le permite intercambiar dinero, acciones, propiedades o cualquier cosa de valor de manera transparente, libre de conflictos y sin la necesidad de un intermediario. Piense en la tecnología detrás del contrato inteligente como la de una máquina expendedora. La forma normal de redactar un contrato sería que lo haga un notario o un abogado, que pague su dinero y luego espere mientras se elabora el contrato. Con el contrato inteligente, usted introduce una moneda en la máquina expendedora (el libro mayor) y los bienes o servicios que pagó ingresan inmediatamente en su cuenta. El contrato incluirá todas las reglas y las sanciones de un contrato tradicional, pero también aplicará automáticamente esas reglas y sanciones.

Vitalik Buterin es responsable del desarrollo de Ethereum y él lo explicó diciendo que su moneda o activo se coloca en un programa y ese programa ejecutará el código. En un punto, el código validará una condición determinada automáticamente y determinará si el activo o la moneda debe ir a la persona que lo compra o de nuevo a la persona que lo vende. El documento se replica en el libro mayor descentralizado, lo que proporciona la seguridad y la inmutabilidad necesarias. Déjame intentar explicarte un poco mejor.

Digamos que le estoy alquilando una casa a través de la blockchain y usted la está pagando en criptomoneda. Recibirá el recibo de su pago y se guardará dentro del contrato virtual entre nosotros. A cambio de su pago, le proporciono una clave digital en una fecha especificada en el contrato.

Si no recibo su pago en la fecha especificada, no le envío la clave. Si envía su pago y no le envío la clave antes de la fecha especificada, se le otorgará automáticamente un reembolso completo. Si le envío la ley antes de la fecha especificada, eso y el pago que usted envió se retendrán automáticamente hasta la fecha especificada, momento en el que se le entrega la clave a usted y al pago.

Este es un sistema impecable que funciona según la premisa de If-Then y tiene literalmente cientos de testigos. Cada contrato tiene una fecha de cancelación automática incorporada y ni usted ni yo podemos manipular el código sin que el otro lo sepa, ya que los dos recibiríamos una alerta al mismo tiempo.

El contrato inteligente se puede usar para todo tipo de cosas, desde derivados financieros hasta incumplimientos de contratos, desde primas de seguros hasta leyes de propiedad, servicios financieros, acuerdos de financiación colectiva, respaldo crediticio y procesos legales, por nombrar solo algunos.

Capítulo 5: Horquillas de criptomoneda

Una cosa de la que quizás haya escuchado un poco recientemente, en términos de criptomonedas, son las "bifurcaciones". Aunque no es un tenedor de mesa. En la blockchain, ocurre una bifurcación cuando los participantes no pueden ponerse de acuerdo sobre algunas reglas comunes. La forma más básica de explicarlo es decir que una bifurcación ocurre cuando la blockchainse divide, creando dos caminos por delante. Puede ocurrir con respecto al historial de transacciones en la red o debido a una nueva regla para determinar la validez de una transacción. El resultado es que todos los participantes deben decidir qué opción van a apoyar.

Hay bastantes tipos diferentes de horquillas y todavía son bastante nuevas. Algunos se resolverán por sí mismos, pero otros pueden causar una división permanente en la comunidad, lo que resultará en la creación de dos historias de blockchain y dos monedas. También existe cierta confusión sobre los tipos de horquillas, cómo se activan y qué riesgos plantean.

Los básicos

Antes de ver las clasificaciones de las horquillas, debe tener en cuenta que las horquillas de Bitcoin son bastante frecuentes. Como un subproducto del sistema de consenso distribuido, una bifurcación puede suceder cuando dos mineros llegan a un bloque prácticamente al mismo tiempo. La ambigüedad que lo rodea se resuelve agregando bloques subsiguientes a uno, convirtiéndolo en la cadena más larga y huérfano en el otro, en cuyo punto se abandona.

Sin embargo, las bifurcaciones también se introducen deliberadamente en la red y esto sucede cuando los desarrolladores desean cambiar las reglas utilizadas por el software para determinar la validez de una transacción. Si un bloque tiene transacciones no válidas, se ignora todo el bloque y el minero que originalmente encontró el bloqueo perderá su recompensa potencial. Debido a eso, los mineros solo quieren extraer los bloques válidos y construir las cadenas más largas.

Estas son las bifurcaciones más comunes que escuchará sobre:

Tenedor duro

Una bifurcación es, esencialmente, una actualización del software que trae nuevas reglas que no son compatibles con la versión anterior del software. Si, por ejemplo, se introdujera una regla que expandiera el tamaño del bloque de 1 MB a 2 MB, se necesitaría un tenedor duro. Cualquier nodo que continúe ejecutando el software anterior verá cualquier bloque minado bajo las nuevas reglas como inválido, por lo que todos los nodos necesitarán actualizar su software a las nuevas reglas, por lo que todos los bloques minados serían válidos.

El problema surge cuando no todos los nodos están de acuerdo: algunos querrán quedarse con las reglas anteriores, mientras que otros querrán las nuevas reglas. Uno de los mejores estudios de caso de esto es la bifurcación DAO

Ethereum: ahora tenemos Ethereum y Ethereum Clásico, ambos con reglas diferentes y con monedas diferentes.

Tenedor blando

Por el contrario, una bifurcación suave es un cambio que se clasifica como compatible con versiones anteriores. Por ejemplo, en lugar del tamaño de bloque de 1 MB, se sugiere reducirlo a 500 KB. Cualquier nodo que no haya sido actualizado todavía podrá ver las transacciones como válidas pero, si explotan los bloques, estos nodos rechazarán estos bloques como no válidos.

Los problemas surgen cuando un tenedor flexible solo recibe el apoyo de una minoría del poder de hash de la red, convirtiéndolo en potencialmente la cadena de bloques más corta y el riesgo de que se abandone. La única otra forma es que se convierta en un tenedor duro y se separe.

Las bifurcaciones blandas son la opción más común para actualizar la blockchain de Bitcoin porque tienen un menor factor de riesgo de dividir la comunidad y la red.

2 ejemplos del pasado son P2SH, que cambió la forma en que se formateó la dirección de Bitcoin, y BIP66, que tenía que ver con la forma en que se validan las firmas.

Horquilla blanda activada por el usuario:

Una bifurcación suave UASF o activada por el usuario es algo controvertida y se refiere a la adición de una actualización de blockchain que no tiene soporte directo de aquellos que proporcionan el poder de hashing. La idea detrás de esto es que, en lugar de esperar un cierto nivel de soporte de los grupos de minería, el poder se otorga a los intercambios, las billeteras y las empresas que ejecutan nodos completos.

Para que el cambio se escriba de forma permanente en el código, debería contar con el apoyo de la mayoría de los intercambios grandes y este debe ser un soporte público, el software tiene una fecha de activación futura y, con el acuerdo mayoritario, el software Instalado en aquellos nodos que quieran involucrarse en la horquilla.

Los problemas surgen debido a que este tipo de horquilla necesita un tiempo de espera mayor que el de las horquillas blandas que se activan mediante la potencia de hash. Podría tomar hasta un año, tal vez más, escribir el código y asegurarse de que todos estén listos para ello. Y, si esa mayoría no se alinea y las nuevas reglas no se activan, podrían tomar su poder de hash y dividir la red con eso.

Hasta ahora, esto es solo una idea teórica y aún no se ha implementado.

Capítulo 6: Carteras y Cambios

Una pregunta común gira en torno a dónde almacenar su criptomoneda. Hay quienes quieren almacenarlo en el intercambio que usan para comprarlo y otros abogan por el uso de una billetera. Vamos a ver ambos de estos ahora.

¿Qué es un intercambio de criptomonedas?

Un intercambio de criptomonedas es un sitio web donde usted compra y vende criptomonedas o las cambia por fiat u otras monedas digitales. Si desea convertirse en un comerciante profesional, con acceso a todas las herramientas que necesita para realizar operaciones comerciales, estará utilizando un intercambio y se le solicitará que abra una cuenta y verifique quién es. Esto llevará algunos días porque deberá cargar algún tipo de identificación con fotografía para fines de verificación y también deberá verificar su (s) método (s) de pago. Si solo está interesado en realizar operaciones extrañas, puede utilizar una plataforma de operaciones que no necesita que abra la cuenta primero. Antes de abrir una cuenta de intercambio, compare. Use solo una que sea confiable y verifique qué monedas fiduciarias aceptan, no todas aceptarán su moneda. También verifique los precios comerciales, ya que pueden variar bastante entre los intercambios, al igual que las tarifas a pagar.

¿Debes guardar tu criptomoneda en el intercambio? Esa es una buena pregunta. En algunos casos, es una buena idea almacenar monedas en el intercambio, ya que permitirá el comercio rápido. Sin embargo, solo debes mantener una pequeña cantidad allí; no todo porque siempre existe la posibilidad de que el intercambio pueda ser pirateado, o los propietarios decidan detenerse y desaparecer, llevándose su moneda con ellos. Recientemente, el intercambio BTC-e se cerró porque el propietario del intercambio fue arrestado por lavado de dinero y todo el dinero contenido en el intercambio pasó al FBI. Si bien los dueños de esas monedas pueden recuperarlas, es probable que esperen hasta que el FBI haya terminado sus investigaciones. Entonces, ¿qué pasa con una billetera?

¿Qué son las carteras de criptomoneda?

Un monedero de criptomoneda es una pieza de software que se utiliza para el almacenamiento de sus claves públicas y privadas. La clave pública es su dirección de criptomoneda, y esto es a lo que se vincula cada transacción que realiza. La clave privada es su contraseña, no puede ser regenerada, así que manténgala segura; Si lo pierde o lo roban, pierde el acceso a todas las monedas almacenadas en su billetera. La billetera es un requisito para el almacenamiento de Bitcoin y otras criptomonedas y hay varias para elegir:

- En línea
- Almacenamiento en frío
- Billetera de papel

En línea se explica por sí mismo; la billetera se mantiene en línea y es muy fácil de acceder, pero está más abierta a la piratería y sus monedas están bajo el control de un tercero, el proveedor de la cartera, y confía en que no hagan un corredor con sus activos. El almacenamiento en frío es seguro ya que está guardando su billetera en una unidad flash USB u otro dispositivo de almacenamiento externo, pero debe estar conectado a su PC antes de poder acceder a ella. El almacenamiento de papel es una copia impresa de las llaves de su billetera y debe guardarse de manera segura. Tenga en cuenta que el papel se degrada con el tiempo y puede quemarse. Debe tener varias copias de su billetera de papel, todas guardadas en lugares separados.

¿Cómo funcionan las carteras?

Millones de personas utilizan las billeteras de criptomonedas en todo el mundo, pero no todas las personas entienden realmente cómo funcionan. No los confunda con ser como la billetera física que lleva ahora, las billeteras digitales no almacenan dinero en ninguna forma. Es justo decir que cualquier criptomoneda que compre no se almacena en ninguna ubicación ni existe en ningún formato físico. En su lugar, son simplemente registros de transacciones que se guardan almacenados en la blockchain.

Una billetera es un programa de software. Sus claves se almacenan en él y se utilizan para interactuar con las cadenas de bloques, de modo que pueda vigilar sus saldos, enviar o recibir criptomonedas o realizar otras transacciones. Cuando le envían Bitcoin u otra criptomoneda, lo que sucede es que firman la propiedad de la moneda en su billetera. Para acceder y gastar esas monedas, la clave privada que ha almacenado en su billetera debe coincidir con la clave pública utilizada para asignar la moneda a su billetera. Si coinciden, todo está bien y la moneda es tuya. No se transfieren monedas, solo registros de transacciones en la cadena de bloques y el aumento del saldo en su billetera.

Entonces, ¿dónde guardas tu criptomoneda? Mucho depende de lo que vayas a hacer con él. Si tiene la intención de hacer un pequeño día de negociación, entonces necesita mantener algo en su cuenta de intercambio. Si está comprando criptomoneda para inversión, entonces la mejor opción es almacenarla en una billetera, preferiblemente fuera de línea o en formato de papel.

Obviamente, lo que haga es su elección, pero tenga en cuenta que su criptomoneda será mucho más segura almacenada en una billetera que en el intercambio. Analice sus pros y sus contras, tome la decisión que más le convenga, pero tenga en cuenta que estamos hablando del dinero que tanto nos ha costado ganar. Desea mantenerlo lo más seguro posible.

A continuación, vamos a ver algunos consejos sobre la inversión.

Capítulo 7: Conceptos básicos de inversión en criptomoneda

Invertir y comerciar en la criptomoneda no es realmente diferente a invertir e intercambiar acciones y acciones, por lo que estos son algunos de los mejores consejos para hacerlo.

Importante: NO trate esto como un consejo profesional para la inversión y el comercio de criptomonedas. Esto no es más que un consejo que puede ayudarlo pero, si desea obtener un asesoramiento financiero adecuado sobre inversiones, debe buscarlo en un asesor financiero adecuado que se especialice en la criptomoneda.

Comencemos simple:

● Siempre use un intercambio y no un intermediario: las tarifas serán más baratas

● Use órdenes limitadas cuando compre y venda a través de intercambios; las tarifas serán más bajas

● Compra barato y vende caro. Observe las tendencias en el precio y espere a que se rompan los máximos antes de comprar.

- No pongas todos tus huevos en una canasta. Distribuye tu dinero un poco e invierte en dos o tres criptomonedas que tengan antecedentes comprobados.

- Stick con Bitcoin, al menos en su mayor parte. Ponga algo de dinero en otro altcoin pero Bitcoin es un comercio probado en este momento

- No intercambies todo. Retenga algunas monedas en caso de una caída en una moneda y la oportunidad de comprar a un precio bajo.

- A veces, un portafolio diverso y una estrategia de inversión diversa pueden comer sus ganancias tan a menudo como puede contener las pérdidas. Si desea obtener grandes ganancias todo el tiempo, debe tomar algunos riesgos. No ponga todo en una moneda con la esperanza de que vaya a subir; si lo hace, todo está bien; Si no, estás un poco atascado hasta que el precio vuelva a subir.

- No salte a la primera señal de que el mercado se está apagando. Si estás trabajando en una estrategia apégate a ella. El mercado ocasionalmente saldrá de la escala tanto en términos de subidas como de caídas y, aunque podría tener sentido comprar o vender en ese momento, no cambie su estrategia completa sin pensarlo detenidamente.

● Mantenga los ojos bien abiertos para las estafas; Hay algunos en el mundo de la criptomoneda. Si una moneda o cambio de moneda o billetera no tiene buena reputación, evítela.

● Nunca invierta más dinero del que puede permitirse perder cómodamente. Si bien el precio de Bitcoin se ve muy bien en este momento, eso es solo desde el punto de vista de ventas. Comprar a los precios de hoy no significa que no obtendrá ganancias, pero las posibilidades ya no son tan altas como antes.

● Toma tus ganancias. Este es un tipo de estrategia conservadora porque, cuando obtiene sus ganancias, gana menos que si los hubiera dejado para montar. Si sus ganancias son buenas, elimínelas de la ecuación y espere a que los precios bajen nuevamente.

● Establezca una orden de paro después

de comprar su criptomoneda. Esto creará una orden de mercado para cuando se alcance el precio y, si bien significa ser golpeado con tarifas y deslizamientos, también significa que su riesgo es más fácil de calcular.

• Mantenga un ojo en las noticias de criptomoneda; ¿Un país u otro acaba de prohibir el uso de las criptomonedas? ¿Va a pasar un tenedor en Bitcoin o Ethereum? Las noticias pueden darle una buena idea de lo que sucederá en un futuro próximo. Cuando Bitcoin se bifurca, todos los titulares obtendrán monedas gratis. Por ejemplo, cuando Bitcoin se bifurcaba en Bitcoin en efectivo, a todos los tenedores de Bitcoin se les daba 1 Bitcoin en Efectivo por cada Bitcoin que tenían. El único inconveniente es que debe estar en la bifurcación en el momento de la fecha de captura o las monedas no serán entregadas.

• No persiga monedas gratis porque un tenedor no vale la pena perder dinero. El dinero de Bitcoin vale unos pocos cientos de dólares, mientras que Bitcoin vale varios miles. Si terminas perdiendo cientos para obtener una sola moneda de dinero de Bitcoin, realmente no vale la pena. No pierdas la calma y mantén tu estrategia lo más lejos que puedas.

● No deposites todo en Bitcoin; existe la posibilidad de que uno de los altcoins pueda adelantarlo a tiempo. Puede que no siempre sea el rey del castillo.

● Aprender el idioma. Por eso, me refiero a los términos comunes asociados con la criptomoneda, como BTC (Bitcoin), ETH (Ether), ICO (Oferta inicial de monedas), límites, intercambios, paradas, billeteras, forks, intercambios de margen, etc. Si entiende el En términos generales, te irá mucho mejor con el comercio.

● Saber cuándo es el momento adecuado para tomar una pérdida. No es divertido perder dinero, pero si, por ejemplo, se está quedando sin Bitcoin y nunca se detiene, podría ser más sensato tomar una pérdida y esperar hasta que el precio sea mejor.

● Siempre sepa en qué está invirtiendo y sepa cuáles son los riesgos. Bitcoin es una inversión altamente especulativa e increíblemente volátil.

• No confundas Bitcoin con la cadena de bloques; Son dos cosas completamente diferentes.

• La moneda fiduciaria no está muerta, y las criptomonedas no son moneda de curso legal en todas partes. Los gobiernos y los bancos no ven las criptomonedas de la misma manera que nosotros y el hecho de estar demasiado atrapados en la locura puede significar que se olvide que los gobiernos no están necesariamente de acuerdo. En este momento, los gobiernos tienen poder y es muy arriesgado Apuesta contra ellos.

• Comprenda las implicaciones fiscales de la criptomoneda antes de comenzar a operar. En este momento, usted paga sus impuestos en moneda fiduciaria. Con la criptomoneda, te encuentras en una situación en la que obtienes una ganancia decente en el papel, pero al final del año estás en Bitcoin pero no aceptaste la pérdida: terminas debiendo dinero en impuestos, dinero que probablemente no tengo

- Lo mismo ocurre con ICOS y Altcoins. En un buen día, los altcoins generalmente siguen a Bitcoin, y, en un mal día, se agotan mientras BTC obtiene las recompensas. Un ICO es un nuevo altcoin y vale la pena invertir en muchos: el oro no fluye de ellos, pero sí lo hace con Bitcoin, así que siempre sea prudente cuando decida invertir en ICO y Altcoins.

- Haga un seguimiento de los precios de sus monedas de criptomoneda utilizando una fuente confiable. Uno de los mejores y más precisos es CoinMarketCap.

Invertir y comerciar en la criptomoneda es un libro en sí mismo; Estos son solo consejos para guiarlo en la dirección correcta y brindarle algo en lo que trabajar.

Capítulo 8: Preguntas frecuentes

Estas son algunas de las principales preguntas frecuentes sobre criptomonedas:

1. ¿Puedo comprar criptomoneda usando PayPal?

Algunos lugares aceptan PayPal como método de pago, aunque estos son pocos y distantes entre sí. Tenga en cuenta que, con cada uno de los sitios, hay muchos pasos para iniciar sesión y crear sus cuentas. Aunque en este momento solo hay unos pocos lugares, como Cryptonit, E-Coin y Virwox, se están agregando cada vez más y las transacciones de PayPal a Bitcoin se convertirán en un método líder debido a la seguridad mejorada y la credibilidad de cada uno. Acuerdo.
En el lado negativo, el uso de PayPal es un riesgo para comprar y vender Bitcoin u otra criptomoneda debido al riesgo de devolución de cargo. Digamos que usted opta por vender algo de Bitcoin usando PayPal. El comprador le envía el dinero,

usted envía el Bitcoin a la dirección provista y, un par de días más tarde, el comprador realiza una devolución de cargo. Ellos recuperan su dinero y el Bitcoin y usted se queda sin nada.

2. ¿Qué es una tasa de hash?

La tasa de hash se refiere a la potencia y la velocidad de su plataforma de minería o de su tarjeta para llevar a cabo y completar una operación en el código de criptomoneda que está minando. Lo que significa es que cuanto más alta sea su tasa de hash de su tarjeta de video o plataforma de minería, más rápido podrá extraer, ya que las cifras se relacionan con la velocidad y la eficiencia.

3. ¿Cómo se obtiene dinero si se trata de una moneda digital?

Es bastante sencillo utilizar la moneda fiduciaria (la moneda de papel de su país) para cambiar por una criptomoneda en el intercambio de su elección. Si está buscando comprar altcoins, primero deberá comprar Bitcoin, aunque algunos también aceptan Eth en el pago. El Bitcoin es la versión digital del USD o el Euro: se reconoce a nivel mundial y puede usar exactamente el mismo método para cambiar su moneda digital de nuevo a moneda fiduciaria. Sin embargo, pagará una tarifa por esto.

4. ¿Qué tan fácil es ganar dinero en criptomoneda?

¿Qué tan larga es una pieza de cordon? Hay varias formas de ganar dinero; el comercio no es la única forma, incluso si es la más popular. Sin embargo, aunque ha habido historias de personas que se han convertido en millonarios de la noche a la mañana, no esperes que te suceda a ti, no a los precios de hoy. Puede intercambiar criptomoneda de la misma manera que lo hace con el recordatorio de que el comercio de criptomoneda es extremadamente volátil y no está regulado.

Puede usar su computadora para extraer la criptomoneda de su elección, aunque no obtendrá mucho de esta manera y le podría costar mucho más de lo que podría esperar. Los mineros serios ahora tienen granjas mineras, cuartos o almacenes llenos de equipos, todos minando simultáneamente, y esto es lo que ha hecho que el mercado se haga público para Joe.

Otra forma de ganar dinero es prestando lo que usted posee de Bitcoin a un sitio que ofrezca margen para intercambiar y ganar un poco, o puede involucrarse en otras actividades proporcionadas por compañías de tecnología que le pagan en monedas. Steemit es el más popular; es similar a YouTube pero recibes Bitcoin por poner contenido en el sitio. Sin embargo, no esperes hacer una fortuna; ¡su pago será en fragmentos de una moneda y puede demorar un tiempo acumular un BTC!

5. ¿Es seguro mi dinero? ¿Qué pasa si la burbuja de activos digitales de repente estalla?

En primer lugar, la burbuja no estallará repentinamente: recibirá muchas señales de advertencia, solo necesita saber lo que está buscando. La explosión de la burbuja afectará a los comerciantes muy fuerte; Si elige comprar Cryptocurrency y almacenarlo en una billetera, no le hará mucho daño porque puede sentarse y esperar a que los precios suban. ¡Mientras tanto, no pierda su clave privada!

La burbuja de la que se habla en este momento es la increíble fluctuación del efectivo en los mercados mundiales y esto está ocurriendo porque los operadores están arrojando toneladas de efectivo con la esperanza de obtener una ganancia decente muy rápidamente. Cuanto más dinero inviertan, mayor será el precio, pero esto es artificial y no todas las altcoins valen ese tipo de inversión. De hecho, algunos ni siquiera obtendrán inversiones pasadas y es muy probable que el dinero que deposite se pierda.

6. Si la criptomoneda es tan buena, ¿por qué no hay más personas involucradas?

Debido a que hay muchas personas que no

confían en algo de lo que no saben mucho o si algo parece ser más geek o técnico, al menos hasta que se convierta en la corriente principal. Piense en los primeros días de internet o de las redes sociales. Le tomó mucho tiempo para que usted sea plenamente adoptado y de confianza para todos, y mire ahora: todos están conectados a la red y las cuentas de las redes sociales se encuentran entre las más grandes del mundo.

La criptomoneda es exactamente la misma. Cuando comenzó, pocas personas confiaban en él, pero ahora millones de personas lo usan. Todos estamos acostumbrados a la basura que obtenemos de nuestros bancos y si alguien dice que puedes ganar dinero con el puño, lo consideras demasiado bueno para ser verdad. El rendimiento promedio del banco o del seguro es de 4-6% cada año; un inversionista un poco más hábil puede obtener el 9% de una cartera, mientras que los mejores pueden llegar al 20%. En la criptomoneda, los rendimientos podrían ser de 20 a 50% cada semana. Si bien eso no es un hecho, es ciertamente posible, pero no mucha gente confiará en eso, todavía.

7. ¿No es la criptomoneda solo un esquema Ponzi?

¿Alguien no puede simplemente tomar su dinero y salir corriendo con él? Sí y no. Hay más de 1000 monedas diferentes y cada día se lanzan más. Si se confunde con el pensamiento de las monedas, considérelas como aplicaciones que tienen un uso específico. Algunos son buenos, otros son basura completa. Si inviertes ciegamente en la basura, es más probable que te atrape una estafa, así que investiga antes de poner tu dinero en cualquier lugar.

8. No tengo ni idea de cómo comerciar, ¿cómo puedo ganar dinero?

Usted puede, porque hay algunos sitios de buena reputación que lo ayudarán a administrar su cartera, aunque por supuesto le cobrarán por ello. El comercio no es para todos; Puede ser difícil y puede llevar mucho tiempo. Usted también necesita entender de qué se trata la cobertura de sus apuestas. La mejor manera de comenzar es unirse a un grupo que reúne dinero y habilidades para una causa, aunque en su mayoría se basan en referencias. Para participar, debes unirte a algunos grupos de chat y foros y comenzar a conocer gente. Como siempre, nunca invierta más de lo que puede permitirse perder cómodamente.

Glosario de criptomoneda

#Ataque del 51%: cuando al menos el 51% de la potencia de cómputo de la red está controlada por una sola persona o grupo, pueden realizar transacciones dañinas con intenciones maliciosas.

A-B

Dirección: un identificador formado por una cadena de caracteres aleatorios que permite que se realicen transacciones de blockchain entre individuos o entidades. Usualmente acompañado de una clave privada para acceder a los fondos.

Altcoin - Criptomonedas o tokens que no sean Bitcoin

Arbitraje: aprovechar al máximo la diferencia de precio en una moneda entre dos bolsas; Usualmente mencionado en el contexto del precio ETH en las bolsas de Estados Unidos y Corea.

ASIC: Acrónimo de Circuito Integrado de Aplicación Específica, estos se hacen SOLAMENTE para la minería y son más baratos en costo de energía que una plataforma de minería estándar. Puede usar Wi-Fi o Ethernet para conectarse a una red o computadora

ATH - siempre-alta. El punto más alto de precio de una criptomoneda.

Portador de bolsa: una persona que se aferra a un Altcoin después de un choque causado por un esquema de bomba y descarga. También puede referirse a una persona que se aferra a una moneda criptográfica cuyo valor está disminuyendo y no tiene una perspectiva real para el futuro.

Bajista: comúnmente denominado mercado bajista en acciones, cuando se espera que el precio caiga

Bit: se usa comúnmente para describir una subunidad del Bitcoin. 1 Bitcoin es igual a 1000 bits

Bitcoin: la primera criptomoneda descentralizada y de código abierto

Bitcoin Cash (BCH): creado en 2017, BCH es una copia de la blockchainde Bitcoin con un tamaño de bloque más alto (8 MB en lugar de 1 MB de Bitcoin); creado después de un tenedor

Block: un registro de datos en la blockchain, más como una página de contabilidad y que contiene detalles de las transacciones pendientes. Cada 10 minutos aproximadamente, cada bloque será confirmado y agregado a la cadena de bloques por los mineros

Explorador de blocks: una herramienta

que se encuentra en línea que le permite ver todas las transacciones de Blockchain y proporciona información como la tasa de hash de la red.

Altura del block: cuántos bloques están conectados en la cadena de bloques

Recompensa de bloque: una recompensa o incentivo para los mineros que pueden calcular correctamente un hash de bloque al realizar la extracción. Cuando se verifican las transacciones, se generan nuevas monedas y el minero recibe un porcentaje de estas como recompensa.

Blockchain: el libro mayor compartido o distribuido donde se almacenan todas las transacciones de criptomonedas. Cada bloque se adjunta al siguiente, creando un registro a prueba de manipulación indebida de cada transacción realizada en una cadena de bloques.

Breakout: el punto en el que el precio de mercado de un activo digital o una moneda criptográfica supera un nivel de resistencia o soporte ya definido.

BTC - El acrónimo oficial de Bitcoin

Bullish - Descrito como un mercado alcista

en acciones, es cuando se espera que el precio aumente

Muro de compra: una orden de compra masiva que impide que el precio del mercado caiga hasta que la orden de compra se haya completado por completo

Presión de compra: esto sucede cuando un alto porcentaje de comerciantes está comprando, un indicador de que esperan un aumento en el precio de mercado.

E-F

EEA: acrónimo de Enterprise Ethereum Alliance, que es un grupo de corporaciones y startups, con algunos nombres muy importantes incluidos, todos tratando de encontrar la mejor manera de cantar Ethereum

ERC-20: un estándar de token de Ethereum que se aplica para garantizar que los tokens se comporten de manera predecible. Debido a esto, se pueden intercambiar fácilmente y funcionarán con cualquier aplicación descentralizada compatible con ERC-20. La mayoría de los tokens ICO cumplen con la norma ERC-20.

Éter (ETH): la moneda utilizada en Ethereum para pagar las tareas y las tarifas de transacción que se basan en el precio y el límite del gas. Estas tarifas se pagan en ETH

Ethereum: una plataforma descentralizada construida sobre la blockchain; se utiliza para ejecutar aplicaciones que utilizan contratos inteligentes y con el objetivo de eliminar los problemas que rodean la interferencia de terceros, el fraude y la censura.

Ethereum Classic (ETC) - Después del muy publicitado ataque DAO, la blockchainEthereum se dividió en una dura bifurcación que se llevó a cabo para recuperar el dinero robado. ETC continúa como la cadena de bloques original con el apoyo de todos aquellos que creen que la cadena de bloques debe ser completamente inmutable y no es compatible con la horquilla dura

EVM: acrónimo de Ethereum Virtual Machine (EVM), que es una máquina de Turing Complete que permitirá que cualquier persona ejecute el código de bytes de EVM. Todos los nodos de Ethereum se ejecutan en esto para garantizar que se mantenga el consenso en toda la blockchain.

Exchange: una plataforma mediante la cual los usuarios pueden cambiar moneda fiduciaria por moneda digital y viceversa.

Moneda fiduciaria: una moneda que tiene poco o ningún valor y es producida por los gobiernos cuando es necesario o cuando el valor debe atenuarse. No cuentan con el respaldo de ningún producto básico, pero son moneda de curso legal. Esta es la moneda que llevas hoy en tu bolsillo.

FinCEN: una agencia del Tesoro de los Estados Unidos, también conocida como la Red de Ejecución de Delitos Financieros. Se inició como una forma de proteger los sistemas financieros del uso ilegal y como una forma de luchar contra los lavadores de dinero. También es responsable de recoger la inteligencia financiera y analizarla. Esta es la principal agencia de EE. UU. Para la imposición de regulaciones en los intercambios comerciales de Bitcoin.

Flipping: una estrategia de inversión en la que se realiza una compra con el único propósito de venderla para obtener un beneficio rápido. En lo que respecta a los ICO, invertir es la inversión de las fichas antes de que lleguen a las bolsas y luego venderlas cuando llegan al mercado secundario.

FOMO - Siglas del miedo a perderse. Esta es una referencia a un sentimiento aprensivo de perder una oportunidad de inversión que tiene el potencial de ser rentable, lo que luego lleva a sentimientos de arrepentimiento más adelante.

Bifurcación: un cambio en el protocolo de criptomoneda que no es compatible con versiones anteriores. Las bifurcaciones tienden a ocurrir cuando los nodos de red crean una versión separada de la blockchain utilizando una versión de protocolo diferente. Este segundo blockchain no es compatible con el software original de blockchain, lo que da como resultado 2 que se ejecutan lado a lado en diferentes secciones de la red.

FUD - Siglas de miedo, incertidumbre y duda. Es cuando se difunde información negativa o falsa, lo que lleva a una percepción falsa de algo.

FUDster - Una persona responsable de difundir FUD

Gas: la cantidad de potencia de procesamiento que se utiliza para procesar transacciones en la red Ethereum. La cantidad depende de la simplicidad o complejidad de la transacción con los contratos inteligentes entre los más altos en costo

Límite de gas: un término que describe cuánto está preparado un usuario específico para gastar en una transacción en la red Ethereum. Debe haber suficiente gas para ejecutar la transacción, incluidos todos los recursos necesarios y, si queda algo de gas, se devuelve al usuario

Precio del gas: la cantidad en Eth para cada una de las unidades de gas en una transacción. La persona que inicia la transacción paga el precio requerido y hay un **sistema de prioridad:** las transacciones de alto precio se ejecutan primero.

Bloque Genesis: el primer bloque verificado y procesado de cualquier nueva cadena de bloques, a veces llamado Bloque 0 o, en algunos casos, Bloque 1

Going Long - Margen comercial que se

beneficiará si el precio sube

Quedando corto - Margen comercial que se beneficia si el precio baja

Gwei: denominación Éter, la que más se mide en los precios del gas. 10,000,000,00 gwei es igual a 1 Éter

Hard Cap: el máximo absoluto que un ICO elevará; Una vez que llegan a la tapa dura, dejarán de recaudar fondos

Bifurcación dura: una bifurcación que hará que cualquier transacción que sea inválida, válida y aquellas que fueron válidas, se vuelva inválida. Una bifurcación dura requiere que cada nodo en la red se actualice para usar el último software

Cartera dura: un dispositivo físico que almacena su criptomoneda fuera de línea; Considerado en general como la mejor y más segura instalación de almacenamiento.

Tasa de hash: los hashes máximos que realiza un minero en un período específico, generalmente 1 segundo

Hash: algoritmo que convierte datos variables en datos fijos o en una longitud más corta

HODL: un meme que surgió originalmente como resultado de un error de ortografía en un foro de Bitcoin, HODL también se conoce como "Espera para la vida querida" o "Compra y espera". Se refiere a una estrategia de hacer un largo tiempo. Inversión a largo plazo, independientemente de la volatilidad del mercado.

PoS / PoW híbrido: un algoritmo de consenso que utiliza la Prueba de Estaca y la Prueba de Trabajo. Esto proporciona un mejor equilibrio entre los votantes y los mineros y crea un sistema por el cual la comunidad está gobernada por personas internas y externas.

I-K

ICO: una oferta inicial de monedas, muy similar a la oferta pública inicial (IPO) o la oferta pública inicial observada en acciones y acciones. Los ICO están configurados para recaudar la cantidad de dinero requerida para un nuevo proyecto en criptomoneda ofreciendo un número específico de monedas para que el público las compre. Estas monedas se fijan a un precio base y, a largo plazo, ese precio aumentará o disminuirá dependiendo de la oferta y la demanda.

IOTA (MIOTA) - Una criptomoneda y un libro mayor de código abierto distribuido que apareció en 2015, que NO está basado en la blockchain. En su lugar, utiliza Tangle, un nuevo tipo de libro mayor. Las características incluyen no feed, mejor escalabilidad y más seguridad para las transacciones y está casi totalmente enfocada en IoT o Internet of Things.

KYC: acrónimo de Know Your Client y también se usa para conocer a su cliente. Las pautas para KYC establecen que todos los clientes potenciales de cualquier institución financiera deben verificarse para asegurarse de que sean personas reales y que puedan proporcionar verificación de identidad. Esto es utilizado por la mayoría de los intercambios de grandes criptomonedas [G1] [G2] [G3]

L-M

Lightning Network: un sistema P2P, fuera de la blockchain y de baja latencia que permite realizar micropagos de criptomoneda. Las características incluyen una mejor escalabilidad, pagos instantáneos, transacciones de costos más baratos y trabajos cruzados. No es necesario que nadie realice una transacción pública en la cadena de bloques y los contratos inteligentes se utilizan para hacer cumplir la seguridad de cada transacción.

Límite de compra / Límite de compra / Límite de venta: estas son órdenes que los comerciantes hacen para comprar y vender cuando el precio de una criptomoneda llega a un punto específico. Son muy similares a los letreros de "Venta" que se ven fuera de la casa y que generalmente se usan junto con las órdenes de mercado.

Liquidez: describe la compra y / o venta de un activo digital junto con el proceso del precio que se mantiene constante entre cada transacción

Litecoin (LTC): otra criptomoneda, creada en 2011, por Charlie Lee, que solía trabajar para Google. Las características incluyen SegWit y el uso de Lightning Network para tiempos de procesamiento más rápidos y de bajo costo. [G4]

Negociación de márgenes: arriesgar las monedas criptográficas que posee para intensificar sus operaciones. NO se recomienda para principiantes, solo para aquellos que tienen mucha experiencia en el comercio. Tampoco debe hacerse en todos los intercambios, solo ciertos

Capitalización de mercado: el valor total de una criptomoneda, calculado mediante la multiplicación del suministro total de monedas por el precio actual de mercado de una unidad.

Capitalización de mercado: valor total de la oferta en circulación de cualquier criptomoneda.

Orden de mercado / Compra de mercado / Venta de mercado - Venta o compra básica de una criptomoneda al precio de mercado actual en una bolsa. La compra del mercado compra la criptomoneda al precio más barato disponible y la venta en el mercado se venderá al precio más alto disponible

mBTC: una denominación de Bitcoin con un valor aproximado de 0.001 BTC o una milésima parte de un bitcoin

MEW - Acrónimo de MyEtherWallet, un sitio en línea gratuito para la generación de carteras de software

Minería: el proceso de verificar las transacciones antes de colocarlas en la blockchain y también es cómo se producen las nuevas monedas. Cualquier persona con el hardware y el acceso a Internet correctos puede buscar la criptomoneda, pero los costos de la energía y el hardware, generalmente requeridos a escala industrial, limitarán quién puede hacerlo, específicamente con Bitcoin.

Granja minera: un almacén o sala grande cargada con plataformas de minería para el procesamiento múltiple de los algoritmos de blockchain

Grupo de minería: un grupo de mineros que combinan su capacidad de cálculo y precios con el mío. Los pagos son más bajos pero más fáciles de conseguir.

Plataforma de minería: una computadora diseñada específicamente para la minería, que contiene muchas GPU de gama alta para la máxima potencia de procesamiento. Muy costosos de comprar, generalmente están fuera del alcance de Joe Public y generalmente son utilizados por granjas mineras

Monero (XMR): una criptomoneda que se produjo en 2014, centrada casi exclusivamente en ser escalable y privada. Se ejecutará en múltiples plataformas, incluyendo Linux, Mac y Windows, así como en Android. Las transacciones no son rastreables a ninguna persona específica o identidad verdadera

Multisig: el término oficial para las direcciones que requieren que varios usuarios utilicen claves públicas para generar una dirección de blockchain. Estos son mucho más seguros y menos propensos a ser hackeados.

N-O

NEM (XEM): referencia a una criptomoneda y una plataforma de administración para una variedad de activos, como registros de propiedad, moneda, cadenas de suministro, etc. Las características adicionales incluyen señales múltiples, cifrado de mensajes y mucho más

NEO: una criptomoneda que apareció en 2014 y también es el nombre del primer blockchain (código abierto) en China. Al igual que Ethereum, NEO facilita los contratos inteligentes y los DaPP pero tiene problemas con la compatibilidad de los lenguajes de codificación.

Nodo: una computadora en la red de blockchain que contiene y mantiene una copia de la blockchain.

Oráculos: estos proporcionan contratos inteligentes con datos, salvando la brecha entre la blockchain y el mundo real.

Presión de venta: esto sucede cuando un alto porcentaje de comerciantes venden, una indicación de que creen que el precio va a bajar

SEPA - Acrónimo de Zona Única de Pago Europea. Se estableció como un sistema de pago de integración de la UE para facilitar los pagos en euros entre países.

SHA-256 - Un algoritmo criptográfico en uso por algunas criptomonedas. A diferencia de Scrypt, Sha-256 usa más poder de procesamiento y toma más tiempo, por lo que hace que sea más rentable para los mineros formar grupos en lugar de intentar explotar solo.

Fragmentación: un método mediante el cual los nodos de red pueden contener una copia parcial de una blockchainen lugar de la blockchain completa. Esto aumenta la velocidad y el rendimiento.

Shill: un individuo que promociona una criptomoneda, más allá de lo que realmente es, porque es probable que sea una estafa

Contratos inteligentes: generalmente se ejecutan en la plataforma Ethereum, aunque ahora aparecen otros, un contrato inteligente es un sistema automatizado en el que dos partes o más colocan sus activos digitales en un contrato para su posterior distribución. El contrato se ejecutará sin tiempo de inactividad porque está automatizado, y solo se completará cuando se active un evento específico. Un ejemplo sería la Parte A que acepta pagar a la Parte B 100 BTC al recibir una clave electrónica para un contrato de alquiler de automóvil. Los 100 BTC se colocan en depósito y solo se liberan al recibir la clave o si tanto la clave como el BTC se colocan en depósito al mismo tiempo, ambos se liberarán en una fecha preestablecida. [G6]

Soft Cap: el mínimo absoluto que un ICO está buscando aumentar. Si no alcanzan esa cantidad, se cancelará el ICO y los fondos recaudados se devolverán a quienes los proporcionaron.

Bifurcación suave: a diferencia de una bifurcación dura, las bifurcaciones blandas significan que las transacciones que eran válidas antes de la bifurcación no son válidas, los nodos de red anteriores considerarán que el anuncio de nuevos bloques es válido y, como tal, la bifurcación blanda es compatible hacia atrás. La mayoría de los mineros de redes necesitarán actualizar al nuevo software para su aplicación

Soft Wallet: software de monedero que almacena criptomonedas en línea, en dispositivos móviles o en computadoras

Solidity: el lenguaje de programación utilizado por Ethereum para contratos inteligentes.

Moneda estable: Criptomoneda que tiene una volatilidad muy baja y puede usarse para negociar contra todo el mercado [G7]

Nivel de soporte: un punto en el que las condiciones del mercado dejan de disminuir el precio

TELEVISIÓN

TA - Siglas de análisis técnico o análisis de tendencias. Esto hace referencia al proceso mediante el cual se examinan los gráficos de mercado actuales para intentar predecir si el mercado subirá o bajará

Testnet: una blockchain desarrollada con fines de prueba para que no desperdicien activos en la cadena de bloques primaria

The Flippening: se espera que ocurra en el futuro, cuando la capitalización de mercado de Ethereum supere la de Bitcoin, lo que convertiría a Ethereum en la criptomoneda más valiosa de todos los tiempos.

Token: lo que permite la creación de redes descentralizadas y de código abierto y también incentivos para que las personas participen en la red. Las fichas se han hecho más populares a través de Ethereum y ahora existen muchas redes de fichas.

Suministro total: la cantidad total de fichas o monedas que existen para un activo digital específico. Esto incluye tanto los que ya están en circulación como los que se han reservado o bloqueado en la red

Volumen de negociación: el total de la criptomoneda negociada durante un período de tiempo especificado

Bloque de transacciones: un grupo de transacciones que se han certificado y se han insertado en un bloque. Estas transacciones se procesan y el bloque se agrega al final de la cadena de bloques.

Tarifa de transacción: cada transacción realizada con criptomoneda atrae una pequeña tarifa. El minero de cada bloque recibe un porcentaje de las tarifas totales del bloque como recompensa.

Turing Complete: una máquina que es capaz de computar todo lo que necesita ser computado. Si cualquier otra máquina programable puede calcularla, la máquina Turing Complete también puede calcularla. El EVM es un ejemplo de esto.

Vitalik Buterin - Uno de los fundadores de la red Ethereum y el más conocido.

Volatilidad: se refiere a los movimientos del precio de una moneda, registrados durante un período de tiempo determinado. Una alta volatilidad significa que el precio es inestable y, aunque puede aumentar rápidamente, también puede chocar con fuerza sin previo aviso.

W-Z

Wallet: una solución de software o hardware para el almacenamiento de claves criptográficas privadas. Estos incluyen clientes de software que le permiten al usuario ver sus transacciones y crear nuevos en la blockchain para la cual está diseñada la billetera. La mayoría de las billeteras están vinculadas a ser utilizadas solo en una cadena de bloques, por ejemplo, Bitcoin o Ethereum.

Wei - La denominación de éter más pequeña conocida, 1000000000000000000 Wei es igual a 1 Éter

Ballena: un individuo o grupo que posee capital suficiente para realizar pedidos masivos que pueden utilizarse para la manipulación del mercado.

Lista blanca: una lista de participantes que han sido aprobados y registrados para participar en un ICO o en una preventa

Libro blanco: un documento que se publica antes de un proyecto. El más conocido es el documento técnico de Bitcoin que se lanzó el año anterior a

Bitcoin y explicó de qué se trataba y cuáles eran sus objetivos.

Transferencia bancaria: un método para enviar fondos electrónicamente de una persona a otra, a menudo se usa como una forma de obtener dinero en efectivo de un intercambio

Zerocoin: un nuevo proyecto con el objetivo de introducir el anonimato real a la red Bitcoin.

Transacción de confirmación cero: una transacción realizada en la red de Bitcoin que se ha enviado a los nodos pero está pendiente de ser procesada en un bloque. A veces se denomina transacciones no confirmadas

Conclusión

Todos sabemos que Bitcoin fue la primera criptomoneda y se mantiene hoy en la cima. Sin embargo, todos sabemos que no es el último, dado el gran número que lo ha seguido y sin duda en algún momento, uno o más de los otros lo derribarán de su posición número uno.

Muchos de los que siguieron se basaron en lo que ofrecía Bitcoin, mejorando los conceptos fundamentales y ofreciendo características más ricas y mucha más funcionalidad, sin mencionar la velocidad. Darkcoin está ofreciendo el anonimato, mientras que el quark ofrece velocidad y seguridad. Ghostcoin nos ofrece una plataforma ligera que no consumirá tus recursos, mientras que Huntercoin ofrece una experiencia basada en un juego. Ethereum ofrece el contrato inteligente, mientras que OmiseGO ofrece un sistema que une billeteras e intercambios para que los pagos y transacciones sean mucho más rápidos y fáciles. Algunos intentan competir directamente con Bitcoin, mientras que otros ofrecen un servicio gratuito. Cualquiera de estos y los cientos de otros tienen el potencial de ser el próximo Bitcoin o podrían simplemente colapsar y quemarse.

La verdadera belleza de la criptomoneda reside en la forma en que permite a los usuarios controlar su propio dinero, realizar transacciones mucho más rápidas en todo el mundo, con menos tarifas que las transferencias tradicionales. Siempre que se utilicen correctamente, cualquiera de estas monedas digitales servirá para el propósito para el que fue desarrollada y, sin duda, muchas de ellas, como Bitcoin, se convertirán en la base de la próxima generación de criptomonedas a medida que los desarrolladores buscan encontrar mejores usos para la blockchain. , formas más rápidas y eficientes de realizar transacciones y formas más seguras de permitirnos convertirnos en nuestros propios banqueros.

Gracias por tomarse el tiempo para leer mi guía; Espero que lo haya encontrado útil y que haya logrado responder cualquier pregunta que pueda haber tenido. Todo lo que queda ahora es que usted determine si es lo suficientemente valiente como para dar el salto.

Parte 2

Introducción

Bienvenido a las Critpodivisas, un libro de autoayuda para entrar al salvaje mundo de las Criptomonedas. Las Criptodivisas son una nueva realidad y a menos que tengas algo que ver con desarrollo de Software el mercado completo debe parecer un verdadero misterio. Este libro está aquí para decirte en términos básicos como funcionan las criptomonedas, qué herramientas necesitas para intercambiarlas y para ayudarte decidiendo si todo el asunto vale la pena. Empecemos.

Capítulo 1: Qué son Bitcoin y Altcoin

Encriptación

Para entender lo que es Bitcoin y cómo comenzar a trabajarla, primero debemos comenzar en el verdadero origen, y eso es: cómo funciona el encriptado. Verás, todas las Bitcoin y monedas alternativas son formas de encriptación. Estas versiones de encriptación están basadas en estándares claros y son relativamente difíciles de romper. La mayoría tienen lo que se conoce como encriptadores recurrentes, lo que vuelve casi imposible entender cómo el sistema se protege a sí mismo.

Una encriptación es, simplemente, una forma de enredar una expresión matemática lo suficiente como para tener que resolverlo como un rompecabezas. La forma más fácil de encriptación es la conocida como "Rotación 13" y fue desarrollado por Julio César durante el Imperio Romano. La forma en que funciona es: Tomando cualquier letra que quieras utilizar y hallar la letra que está 12 lugares adelante, por ejemplo, si tu letra fuera A, usarías la M. Aunque este método de encriptación es sencillo cuando lo analizas, no es el estándar que se usa actualmente y en su época era relativamente complicado de descifrar ya que no todo el mundo estaba acostumbrado a pensar que las letras en un papel podían tener significados ocultos. ¿Imaginas la mirada en el rostro del primer comandante que se encontró con esto? No creo que estuvieran particularmente divertidos con el espía que habían enviado. Actualmente los niveles de encriptación son mucho mayores y ya no esperamos que los humanos sean quienes descifren los códigos, ahora son las computadoras las que armas y desarman las encriptaciones. Cuando ves una criptomoneda todo lo que puedes apreciar son una colección de letras y números al azar con un número de trabajador o un ID a un lado. Esto forma parte de la moneda o una moneda completa.

El Problema de Doble Gasto

El siguiente problema con el que debes

lidiar hablando de divisas digitales es cómo prevenir el doble gasto ya que esto ocurre gracias a la tecnología que permite "copiar-pegar" información. Esencialmente, no tenías forma de probar que las divisas que estabas utilizando no se habían copiado y pegado en otra fuente y esto permitía que el dinero se gastara en dos lugares al mismo tiempo sin tener forma de prevenirlo.

Este fue el problema primario de las criptodivisas durante algunos años, hasta que alguien llegó a solucionarlo y a la solución se le conoció como Blockchain. El doble gasto es un problema con el que todas las criptodivisas tienen que lidiar, y si no lo solucionan pierden todo su valor en una noche o incluso más rápido. De hecho, hubo monedas anteriores al Bitcoin, pero Bitcoin fue la que hizo a la industria tan popular.

El Problema de Doble Gasto, los Blockchain

Es gracias a la inmensa capacidad colectiva de calcular que el mundo tuvo la solución al problema de doble gasto. Un Blockchain es realmente uno de los mayores libros del mundo, pero, para que se realice la transacción debe de existir evidencia de su existencia en otros sistemas. Entonces, para que una transacción ocurra se necesita que cierta cantidad de personas confirmen la existencia de dicho "libro", confirmando la posibilidad de realizar la transacción.

Esto significa que todos tienen una carpeta donde guardan todas las transacciones que alguna vez han ocurrido en la red, pero, como normalmente estamos lidiando con 25 a 50 caracteres, el archivo no es más grande que unos pocos cientos de megabytes, que, en términos de tamaño, es muy pequeño. Para recompensar a aquellos que se dedican a revisar: una vez que se determina el grado de complejidad de la cadena, se eligen personas al azar, y los ordenadores de éstas personas deberán resolver los algoritmos como si se tratara de un rompecabezas, esto les dará como recompensa: monedas.

Altcoins

Altcoin es una conjunción en inglés para Alternative Coins (Monedas Alternativas) y es una categoría masiva, pero es importante apuntar el por qué se llaman Altcoins. Cualquier divisa que no sea Bitcoin automáticamente se titula como "Altcoin" y esto incluye a cualquier moneda posterior al Bitcoin, pero, ¿por qué? Bueno, muchas, Bitcoin es vista como la primera versión de todas las criptomonedas y muchas monedas alternativas son vistas como Bitcoins con cambios muy pequeños. Sin embargo, nada más alejado de la realidad. Toma Ethereum como un ejemplo, es una criptomoneda que utiliza una red muy similar a la de Bitcoin hasta que te das cuenta de que Ethereum es resistente contra ASIC y tiene la habilidad de utilizar los Blockchains como algo más que criptodivisas, a esto se le conoce como Contratos Inteligentes. Todos ellos utilizan patrones similares a los de Bitcoin, pero las diferencias que tienen, los hacen inmensamente diferentes.

Capítulo 2: Lo Básico del Minado

Cómo Funciona Minar

Para mantener la red funcionando y a la gente interesada en las monedas, debemos hablar del minado de criptodivisas. Esto tiene diferentes formas de hacerse y diferentes resultados.

Nosotros hablaremos de cómo se hace el minado aquí, pero también podemos hablar sobre cómo funciona el minado con otras criptodivisas además del Bitcoin en otro libro porque normalmente eso no es relevante para los mineros promedio de Bitcoin. Cuando estás minando criptomonedas, lo que estás haciendo es resolver una operación matemática con la finalidad de probar que una transacción ocurrió. Gracias a como funcionan los Blockchain, cada persona en la red tiene un acceso aleatorio a un código de transacción, esto prueba si la transacción se hizo de forma correcta y si la moneda es legítima o no. Cuando vas a preparar a tu computadora para realizar minado, necesitas elegir entre tres piezas diferentes de Hardware dentro de tu computadora para que esto sea posible.

La red juzga qué tan compleja es la misma tomando como referencia medidas de qué tan poderosa es la arquitectura o calcula el "poder" dentro de la red. Una vez que la red tiene una idea más clara del alcance, elige al azar nudos dentro del sistema para darles un algoritmo a resolver, esto probará que la transacción es válida.

A esto se le conoce como el concepto de Prueba de Trabajo. Aquellos que resuelven el problema y suben sus resultados son los que reciben monedas como recompensa. Así es como trabajan las criptodivisas normalmente (a la fecha en que se escribe este libro). Esto significa que la velocidad de la red se relaciona únicamente a la capacidad de poder que tienen las computadoras de todos en la red.

CPU

El primero y básico hardware que la mayoría de las personas utilizan cuando comienzan a minar criptomonedas es con un CPU, también conocido como Unidad

Central de Procesamiento (Central ProcessingUnit). Esa es la que le permite pensar a tu computadora "piense" y maneja todas las operaciones complejas que tu computadora necesita realizar para que el ordenador funcione correctamente. Sin embargo, el poder del CPU es sumamente limitado porque solo maneja un procedimiento a la vez por cada núcleo que tenga. No tiene caso decir que a menos que tengas un servidor, una computadora promedio tiene un máximo de 16 núcleos gracias a la tecnología actual.

Las computadoras regulares tienen alrededor de 4 núcleos, dando como resultado que una computadora solo puede resolver 4 problemas al mismo tiempo. Es sumamente lento en comparación con los nuevos métodos para resolver problemas, pero cuando el juego apenas iba comenzando, casi todo el mundo tuvo la habilidad de unirse a la red y comenzar a hacer dinero. Y así siguió hasta que comenzar a utilizar GPU como procesador, aunque en algunas zonas todavía se utiliza CPU, la estadística indica que la media utiliza GPU como fuente de poder para minar.

GPU

Ahora, la razón por la que cambiaron a GPU, también conocido como GraphicalProcessingUnit, aunque esté específicamente diseñado para lidiar con geometría y otras tareas basadas en forma y color... Fue debido al conteo de núcleos,. Verás, mientras que un CPU promedio tiene entre 4 y 8 núcleos, un GPU promedio tiene de 20 a 30 núcleos,, y eso hablando de las de más bajo espectro. En los últimos años el conteo de núcleos, en GPUs ha aumentado significativamente. Empezando con la marca hace 10 años, teníamos tarjetas gráficas, como las de GeForce 7800 GTX tenía la fabulosa cantidad de 24 núcleos.

Acelera en el tiempo hasta la actualidad y tienes al GeForce GTX 1080 Ti con ,584 núcleos. Como puedes ver, hay una diferencia masiva en términos de cantidades de núcleos, así que, en cuanto alguien desarrollo un método para usar

GPUs, prácticamente el mercado completo se cambió con ellos. Esto ha causado muchos problemas en cuanto a la comunidad de PC se refiere, porque antes una tarjeta gráfica decente costaba alrededor de 300 o 600 dólares, ahora los precios oscilan entre 600 y 1000 dólares, dependiendo del poder de procesamiento.

La industria de las tarjetas gráficas simplemente no estaba lista para la cantidad de compradores, cuando las compañías comenzaron a quedarse sin productos intentaron frenar el consumo alzando los precios de forma exagerada pero esto no funcionó, por lo que se vieron obligados a generar un nuevo tipo de GPU separados del GPU general, creando uno para minar, el resultado final fue que la industria minera causa que los creadores de películas, videojuegos, arte y gráficas, mueran de hambre o se priven de un gran poder.

La nueva forma de minar ASICs

Ahora, la nueva forma de minar gira en torno a una forma de tecnología desconocida para la mayoría de la gente, una forma llamada ASIC. Cuando se trata de GPU y CPU, cualquier jugador de videojuegos en PC , que juegue de forma rutinaria, te podrá decir de forma casi inmediata que lo que debes buscar: ASIC, son como los vehículos recreacionales para la persona promedio: probablemente sabemos que existen, incluso hemos estado en uno, pero no tenemos ni la más remota idea de cómo se usan. ASIC significa ApplicationSpecificIntegrated Chip (Chip de aplicación específica integrado). Para ser justos, un CPU o un GPU en una laptop son chips integrados, porque están directamente conectados a la tarjeta madre y (para describirlo de forma sumamente vaga) necesitas quemarlos para desconectarlos de la tarjeta madre.

En un ordenador de escritorio sí son intercambiables aunque con ciertas limitaciones. Un ASIC por sí mismo es único y requiere de un proceso de creación especial por la parte de *aplicación específica*. En otras palabras, es una máquina que está creada para realizar una sola tarea, mientras que un CPU o un GPU pueden hacer muchas cosas. Debido a la inmensa cantidad de energía necesaria para minar, se han creado ASIC para Bitcoin y se consideran lo mejor para minar, tiene algunos bloqueos que requieren que mines únicamente con el ASIC.

Cómo Funcionan las Piscinas de Minado

El último nivel de minado viene en forma de minado colectivo y se les conoce como "Piscinas de Minado", esto permite que las personas combinen la capacidad de varios ordenadores para generar la mayor cantidad posible dinero. Mientras que yo te enseñaré, quizá, la forma más sencilla de minar monedas, las Piscinas de Minado tendrán su propia forma de minar las monedas y proveerán de reglas paso por paso para realizar la labor dentro de la piscina. Probablemente por eso es tan confuso encontrar como minar las monedas, pero tienes que revisar un par de cosas antes de elegir una piscina.

- ¿Tienen un CPU, GPU o ASIC específico

para minar?

- ¿Tienen largos HRs (velocidad de descifrado)?
- ¿Tienen un foro de comunidad que esté activo regularmente?

Necesitas contestar éstas preguntas porque las respuestas determinan si podrás usar la red o no, por lo tanto determinan si vale la pena o no el unirse a la piscina, y si disfrutarás o no el estar dentro de la misma.

Las Dificultades de Minar

Electricidad contra Ganancia

Como ya habrás notado, cuando la gente escucha sobre los precios descabellados de los Bitcoin o de Ethereum, casi todos miran hacia el signo de dólares y no del costo tras bambalinas. Analicemos un escenario común. Supongamos que pagas $0.12 por kilowatt (1000 watts) lo que no parece tanto hasta que te das cuenta que una computadora promedio requiere de una toma de alrededor 1000 watts por hora.

Lo que significa que si gastas $2,000 en un

GPU para minar y lo dejas corriendo durante un mes completo ya has gastado $2,086.40. Ahora, hablemos de Ethereum que tiene un valor aproximado de $1,025 por moneda mientras escribo esto, pero eso no es lo que tú recibes como minero. Como minero te preocupa principalmente el Hash Rate, es decir qué tan rápido puede resolverse un algoritmo. Mientras más GPUs o ASIC ocupes, más rápido se pueden resolver. Sin embargo, por $2,000 el sistema, estás aspirando a tener 2 GTX 1080 Ti's máximo y eso después de comprar todas las cosas extra, lo que te dará aproximadamente 35 a 40 Mega Hashes, equivalente a 35,000,000 a 40,000,000 Hashes. De nuevo, parece mucho hasta que nos damos cuenta del rendimiento que nos dará este número de Hash Rate.

Todo junto, sabiendo que 80 MH/s siendo el ideal máximo y 600w el costo eléctrico de correr GPUs, estás viendo una ganancia de $250 mensuales... Mensuales. Eso significa que solo par apagar todo lo que te gastaste y comenzar a generar una cantidad de dinero decente tendrías que dejar corriendo las máquinas por, mínimo, 9 meses. Y eso si el precio de las criptodivisas no va a la baja. Eso pensando que la cuota de la piscina sea del 1%, lo cual es imposible de encontrar.

Como puedes ver, a menos que utilices demasiado poder de fondo, no resulta un negocio rentable. Ethereum es diferente de Bitcoin, porque es resistente a ASIC, lo que nos lleva a la siguiente dificultad.

Influencia de ASICs

Cuando miras los ASIC de Bitcoin y sus HRs te encuentras con cifras tan elegantes como 13 a 15 Tera Hashes. Para ser claro, estamos hablando de 13,000,000,000,000,000 a 15,000,000,000,000,000 hashes. Nuevamente, no todo es tan claro como parece. Primero que nada, estas destinado a gastar unos 1300 o 1500 W para permitir que el aparato corra y tienes que lidiar con las consecuencias innegables: La moneda se devalúa.

Verás, el valor de una moneda se

determina dependiendo de cuantas personas pueden minarla y que tan extenso es su alcance. Un ASIC correrá de 3 a 4 veces, eso para ser equivalente a correr un GPU en términos de precios, lo que significa que la única forma de jugar con estos aparatos es teniendo dinero. Cuando las ballenas tienen la capacidad de guardar más poder que una persona normal, impide que más personas normales entren al juego y obtengan algo del mismo.

Esto disminuye el número de personas que pueden minar la moneda y esto mantiene a la red viva. Adicionalmente, estas máquinas aumentan la complejidad de la red y por consecuencia obvia, cada vez es más difícil descifrar los problemas, lo que vuelve a la red más lenta. ¿Qué mantiene a las Bitcoin en un valor tan alto?

Los ricos y poderosos. No solo es común que los ricos y poderosos compren almacenes completos de ASIC para minar las monedas, también los desechan en el mercado y siguen obteniendo ganancia de alguna forma. Los otros ricos y poderosos compran e intercambian alrededor de ello. El único motivo por el que no ha desaparecido por completo es debido al hecho de que las Bitcoin son el punto de entrada hacia el mundo de las criptodivisas. Las monedas más fuertes en el mercado actualmente son Ethereum, Lite Coin y Doge. Si quieres correr el mismo equipo que usas para minar Ethereum en uno de Bitcoin, estarías perdiendo unos $25 al mes. Pero si decides correr un ASIC en la red, estarías ganando unos $700 mensuales.

Considerando que puedes gastar 3 o 4 menos, y todavía ganar $250 minando en diferentes redes, no hay muchos incentivos para comprar un ASIC para BTC a menos que tengas el dinero para comprar un almacén de estos, que deben ser unos $500,000 y unas 250 unidades. Esto te daría 3250 TH/S y resultaría en $178,850 al mes, recuperando el costo de tu inversión en menos de 3 meses. Eso es un incentivo, pero si gastas el mismo dinero en un GPU para Ethereum, tendrías el modelo AMD Vega 64 y te daría un promedio de 360 MH/s.

Con $250,000 tendrías 250,000 tarjetas. Eso son 90, 000,000 MH/s y vendrían siendo $200, 000,00 por mes. Solo ten en mente que cargando la red con ésta cantidad de poder causas que el precio baje. Entonces no hace falta decir que no existe un incentivo real para minar BTC actualmente. ¿Por qué la gente no está haciendo cantidades obscenas de dinero en este momento? Solo puedes hacer que los GPUs vayan tan rápido. Como verás es un desastre complejo.

Minando 101: Cómo se hace

La forma más fácil que conozco para entrar en el juego de Minar Dinero es la siguiente. Primero necesitas una cartera (wallet) para mantener un control y cuenta de tu dinero encriptado y sus "hilos". El más sencillo de usar se llama Jaxx, y lo puedes encontrar en https://jaxx.io/. Una vez que lo hayas descargado e instalado deberás crear carteras para cada moneda que desees minar, después tendrás que conectarla con la piscina en la que quieras entrar, esta (obviamente) debe ser la piscina donde planees participar. Esto nos lleva al siguiente paso, una página llamada https://nanopool.orl/ y aquí podrás elegir que monedas planeas minar. Digamos que quieres Ethereum, así que tocas el "Inicio Rápido" y ahí encontrarás el resto de las instrucciones que debes seguir. Este es la forma más rápida que he encontrado para minar desde internet.

Capítulo 3: Lo básico del intercambio e inversión

Hallar un Mercado

Esencialmente, lo que estás buscando se conoce como Intercambio de Criptodivisas (cryptocurrency Exchange) y la subsección que estás buscando se encuentra en la categoría de Plataforma de Intercambio (Trading Platfomr). Tienes Intercambio Directo (Direct Trading) y puedes hacer esto si lo deseas, pero básicamente estás haciendo negocios con extraños en el internet y sin tener una idea clara del precio en tiempo real.

Una Plataforma de Intercambio se crea para permitir que puedan intercambiarse las reservas de una divisa y normalmente lo usan aquellos que únicamente miran esto como un pasatiempo o una profesión. Los intercambios personales te vuelven propenso a estafas, malos tratos y está visto como algo que se hace si necesitas dinero rápido o deseas pagar alguno producto/servicio. Ten en cuenta algunas cosas:

>Si planeas usar tarjetas de crédito, prepárate para algunos cobros muy altos. Las personas fraudulentas también quieren jugar y tarde o temprano te encontrarás con personas que utilizan tarjetas de crédito robadas, esto con el fin de ganar y no perder. Si un sitio de internet no provee muchas verificaciones, yo me abstendría de invertir en algo así.

>Va a haber muchísimas verificaciones de identidad a menos que decidas utilizar un intercambio anónimo, pero así te arriesgas a perder cualquier cantidad de dinero, meterte en problemas o ser estafado. Las identificaciones te sirven como protección del mismo gobierno de tu país en algunos casos.

>Algunos países han generado su propia forma de Criptodivisas y otros han prohibido su uso, así que infórmate sobre la perspectiva legal en los países donde desees realizar intercambios.

>Pon atención al porcentaje de intercambio, porque muchos mercados pueden fácilmente quedarse con porciones de gran valor.

Algunos Buenos Mercados

Coinbase

Es limitada, pero es la que tiene mejor reputación. Únicamente cuenta con tres divisas actualmente, lo que puede ser un problema si vas en búsqueda de otras Altcoins, pero sí puede trabajar con Ether y Litecoin.

Kraken

Esta es otra muy popular, pero también tiene un alcance limitado. La plataforma no es muy amigable y es difícil aprender a usarla, pero al menos ésta te permite más Altcoins que la anterior.

ShapeShift

Criptodivisas únicamente. Debes tener alguna criptomoneda para poder utilizar ésta plataforma, pero tiene el mejor soporte como sistema de intercambio. Sin embargo es posible realizar transacciones sin tener una cuenta, pero eso te vuelve vulnerable en el mercado. Se considera una buena plataforma, pero eso no significa que todos tengan que salir felices.

Minar o Comprar

Ahora viene lo importante, y me temo que no puedo volver esta parte más sencilla. Lo que sé es que minar es realmente bueno si lo que quieres es generar ganancias y te ves en ello como un pasatiempo, mientras que intercambiar requiere de menos trabajo sucio y más de trabajo de números.

Verás, cuando eres minero tienes tu moneda y la puedes cambiar cuando sientas que sea el momento correcto, de lo único que debes preocuparte es de vender la moneda cuando el costo sea mayor a lo que inviertes para minar. Es como cualquier hobby normal, te vas y pagas la cuenta de la electricidad. Estableces una rutina donde checas los precios durante el día y así sabes en qué momento vender. Intercambiar, por otro lado, requiere que inviertas mucho tiempo investigando tendencias de mercado, verificando nuevas tecnologías y anticipar cualquier señal de bancarrota y tratar de atrapar siempre la mejor oferta para ti.

Generalmente, se prefiere hacer una venta

de muchas monedas, por poco dinero y de forma rápida, porque es la forma más rápida de obtener algo sin tanto trabajo, pero empiezas con Altcoins de bajo precio, como 50 USD o menos, así puedes apuntar a ventas a largo plazo y de precios más altos. Esto es porque todas las criptodivisas están en crecimiento constante, entonces si inviertes poco en una moneda de poco valor, puedes esperar un año (tal vez menos), ir acumulando monedas y generalmente obtendrás una buena ganancia con el paso del tiempo. Como ya dice, intercambiar requiere de mucho más tiempo, porque necesitas estar al tanto de todo, pero la ventaja grande es que no debes de tener todo el día todos los días un pequeño motor que suena como una turbina a un lado tuyo... O peor, intentar dormir con ese ruido.

Intercambiar o Invertir

No hay una gran diferencia entre intercambiar o invertir criptomonedas o en un mercado regular. Lo único que cambia es la cantidad de riesgo que toma el jugar en este mercado, los objetos con los que inviertes y la recompensa que puedes obtener. Por ahora, únicamente intercambias divisas, pero más adelante puedes intercambiar otros objetos. Fácilmente puedes ver como todo lo que invertiste se convierte en nada si no tienes cuidado, y ocurre mucho más rápido que en el mercado recular. Sin embargo, por cómo trabaja este mercado puedes recuperar los valores de forma mucho más rápida que el en mercado convencional. Muchos casi-millonarios se crearon porque sus criptomonedas pasaron de valer cientos a miles de dólares. La recompensa es grande, pero la pérdida también lo es.

Capítulo 4: ¿Vale la pena?

La ilusión del Valor

Esto es lo primero que debes entender, no importa si está invirtiendo en monedas o en lo que sea, el valor de las cosas no es intrínseco, es algo que la gente le otorga y tiene el valor que creen que tiene. No quiero volverlo confuso porque en esta industria es algo muy simple, pero, por ejemplo, el billete de dólar que tienes en el bolsillo, así esté dentro de una tarjeta o sea un billete diferente a un dólar estadounidense... El valor que tiene se lo da la gente.

El papel moneda que tienes se llama dinero fiduciario, y este dinero tiene algo impreso que le da un valor imaginario. Todas las monedas que existen como criptodivisas tienen una cantidad finita que estará en circulación. Eso significa, que a menos que la gente las use, la propia red las destruirá en algún momento. El dinero fiduciario sigue existiendo aunque nadie lo utilice, lo único que ocurrirá es que se imprimirá más dinero para compensar lo que no está en circulación.

En conclusión, las criptomonedas tienen una mayor probabilidad de aumentar su valor, ya que el dinero en circulación pierde su valor de forma natural con el paso del tiempo, como resultado de la reimpresión constante. Por lo tanto, quien te diga que las criptodivisas no son dinero real, no tiene idea de qué es el dinero.

Lo Volátil

Otro motivo muy común por el que la gente dice que no puede unirse al mercado de las criptodivisas es que el mercado es sumamente volátil. Sí es volátil pero justo por eso es que la gente logra conseguir tanto dinero. Verás, en las inversiones promedio, el mercado se basa en el dólar, depende de si este sube o baja y se regula de forma diaria. Todas las divisas suben y bajan diariamente en el mercado.

La única diferencia es que estos cambios son más marcados en las criptodivisas porque las cifras son más pequeñas y se notan más. Por ejemplo, el dólar estadounidense se valuó en $0.40 o 0.33%. Por decir lo menos es negigente, porque en el mercado tradicional se cambian dólares por dólares pero en nuestro mercado puedes ganar millones de cierta divisa si intercambias valores de divisas grandes y esperas a que el valor caiga de nuevo. Sin embargo, en el pasado, el dólar ha perdido el 10% de su valor.

Esto no puede parecer tanto como algunas criptodivisas que han perdido el 50% de su valor, pero el dólar lleva existiendo más de cien años, entonces que pierda el $0.10 de su valor es una pérdida masiva. Eso significa que si tenias 10 millones al principio del año pasado y los intercambias al momento en que escribo este libro, ahora solo vale 9 millones. ¡Es una pérdida substancial! En algunos países, de hecho *pierdes* dinero si intercambias dólares.

No Apuestes tu Vida

No tienes que invertir los ahorros de tu vida en criptomonedas, en eso también es diferente del mercado convencional. El mercado convencional requiere que tengas suficiente dinero para realizar cierto pago, esperarían que normalmente tengas unos $50 por acción.

Las criptomonedas pueden comprarse por centavos, ya que las fracciones más pequeñas de criptomonedas eso valen, puedes gastarte un dólar y ya estás en el mundo de las criptodivisas, así no tienes que gastar cantidades absurdas de dinero si no las tienes o no quieres. Hay mucho dinero por ganar y es mucho más sencillo que conseguir acciones en el mercado regular.

Una Inversión en Nuevas Tecnologías

Hemos llegado a la parte que me gusta creer, es la más divertida, la parte realmente interesante, por eso llamaremos a ésta sección "Una Inversión en Nuevas Tecnologías" porque eso es lo que estás haciendo al unirte a la red. Actualmente las Nuevas Tecnologías son los Contratos Inteligentes y déjenme decirles... Todos hemos tenido que lidiar con vendedores de autos, notarios o cualquier otro "intermediario", ¿no?

Imagina que esas posiciones ya no existieran. Ahora, para todos aquellos que trabajan en esa industria, me siento un poco mal por ustedes, pero también entiendo lo que es que todos nosotros tengamos que lidiar con ustedes profesionalmente, y la idea de que ustedes tengan que lidiar con nosotros, profesionalmente, es satisfactoria. He estado en suficientes oficinas gubernamentales y esperado lo suficiente y al final solo recibo un "perdón por la larga espera" pues sí... pero "tú has sido quien me ha hecho esperar en un principio", a quien le he dicho eso ha tenido que reflexionar su respuesta, porque no están acostumbrados a esa respuesta. Incluso más triste, normalmente sonreían con lo que les decía. Pero bueno, hablábamos de Contratos Inteligentes.

Hemos estado hablando de Blockchain, pero no nos hemos detenido a pensar en lo que realmente son. Son una transacción digitalizada y protegida de extremo a extremo por encriptación y requiere de verificación, uno de los métodos más seguros. Un vendedor de autos compra un auto por alguien más a un precio más bajo y normalmente duplica el precio para obtener ganancias.

Están ahí para revisar tu cuenta de banco, tu historial crediticio y básicamente... Si puedes pagar por él o no. Bueno, es muy divertido pero toda ésta información los formatos y demás se pueden realizar en línea, utilizando internet. En una forma muy sencilla, esto verifica que tengas dinero, que el automóvil exista y finalmente te dan el auto. Un Blockchain verifica que tengas la moneda, que la otra persona tenga su moneda y finalmente procede a realizar el intercambio. Muy similar, ¿no? Eso es un Contrato Inteligente y es un contrato creado utilizando Blockchains y este también requiere de validación y verificación, un Contrato Inteligente cumple con todos los requisitos a un costo muchísimo más bajo.

Conclusión

En la última sección pude haber hablado mucho más sobre las tecnologías que se desprenden de las criptodivisas pero eso solo sería mi desarrollador interno siendo un nerd, hablando de juguetes nuevos. Tú tienes cosas como Prueba o Riesgo, lo que es un concepto mucho más sencillo de cómo funciona un código, en un nivel superficial que no es realmente de lo que se trata este libro. Quería que este libro fuera una entrada al mercado de monedas y no el código interno, así que deje de lado todo lo que no estuviera conectado de forma favorable al tema. Espero que hayas disfrutado del libro y que te ayude en tu viaje hacia el futuro.

www.ingramcontent.com/pod-product-compliance
Lightning Source LLC
LaVergne TN
LVHW022322060326
832902LV00020B/3622